Conversa Franca

*Diálogos e controvérsias entre
os discípulos de Jesus*

José Humberto Cardoso Soares

Conversa Franca

*Diálogos e controvérsias entre
os discípulos de Jesus*

© 2011, Editora Isis Ltda.

Supervisor geral:
Gustavo L. Caballero
Revisão de textos:
Ligia Nakayama
Capa e diagramação:
Décio Lopes

Proibida a reprodução total ou parcial desta obra,
de qualquer forma ou por qualquer meio seja eletrônico
ou mecânico, inclusive por meio de processos xerográficos,
incluindo ainda o uso da internet sem a permissão expressa
da Editora Isis, na pessoa de seu editor
(Lei n° 9.610, de 19.02.1998)
Direitos exclusivos reservados para Editora Isis

ISBN: 978-85-88886-77-3

EDITORA ISIS LTDA
www.editoraisis.com.br
contato@editoraisis.com.br

Agradecimentos

À Vida, a Deus

Dedicatória

*Aos que buscam encontrar
uma compreensão do significado para a vida.*

Índice

Prefácio 9

A Convocação 13

Dos motivos 13

Convocados 14

O Nascimento de Jesus 15

Uma parte da história 15

O Batismo 23

Deus 27

Passada a ressurreição, voltemos aos milagres 59

Como seguir a Cristo? Como ser discípulo de Jesus? .. 65

Como ir para o céu? 69

Como alcançar a eternidade? 69

As ações 77

A quem pertence o Mundo? 87

O que veio fazer no Mundo? 93

Por que Parábolas? A quem é revelada a palavra? 99

Como ser Salvo? 103

Todos os pecados serão perdoados? 109

Traidor e traição 113

Condenação 119

Crucificação 127

Epílogo.................... 133

Prefácio

A Conversa Franca não tem o objetivo de julgar nem subjugar pessoas, instituições, sociedades, culturas, tradições ou formas de pensar sobre a espiritualidade humana baseada nas suas escrituras.

Desde criança ouvi que devíamos confiar cegamente na religião e seria ela responsável da minha condução espiritual, minha salvação diante de Deus. Caso não a seguisse, iria para o inferno e padeceria eternamente. Pensava na missão que tinha com o próprio espírito: salvá-lo e elevá-lo ao céu. Ficava com os pensamentos ao longe, "estou aqui neste mundo para fazer a própria salvação, vencer o mal e purificar o espírito de um mundo pecador". Imaginava e imaginava o demônio querendo-me como fonte de energia para seus caldeirões para manter sua prática do mal. Assustava-me saber que nasci e poderia ter o terrível destino: ser queimado no fogo eterno. Precisava ser salvo para gozar de um paraíso aos cuidados e tratos de Deus criador.

Deus me pôs neste mundo para escolher viver com Ele ou ter um fim das maiores crueldades: ser condenado ao inferno. Com o tempo achei estranho Deus criar o ser humano para escolher dois fins.

Não nasci com nenhum manual que me orientasse na escolha de meu destino, por que não poderia ter nascido no céu e lá receber o ensinamento puro de Deus? Era preciso passar por testes para voltar a Ele.

Quem será que institui esta missão?

Quem orientou que nascemos para ser elevado ou condenado?

Deus! Penso que não.

Hoje tenho a absoluta certeza de que os seres foram criados para serem felizes.

Algo chama a atenção:

Como pode milhões de pessoas serem cristãs sem se quer ter feito uma leitura do Novo Testamento? Como saber se são ou não cristãs, se estão seguindo ou não as palavras de Cristo? Como confiar em uma fé cega o que tem de mais precioso, "o próprio espírito", este ser que viverá na posteridade, sem ao menos ter lido a fonte do conhecimento básico, para exercer a vida e a realidade espiritual?

Como cidadão comum, é preciso, no mínimo, fazer uma leitura simples, literal das palavras escritas na Bíblia. Ao fazer a leitura, poderá chegar à conclusão: se a escritura nos orienta para a maior missão: salvar ou condenar o próprio espírito. E com conhecimentos sabemos como agir.

O Ocidente tem como predominância a cultura religiosa cristã.

Com o intuito de conhecer o cristianismo, faremos a leitura dos textos do Novo Testamento. Concentraremos a leitura nos evangelistas Mateus e João por terem vivido com Jesus, naquela época, assim como Marcos e Lucas. Entendemos que o testemunho de quem presenciou e estava próximo do momento é muito mais válido do que o daqueles que apenas ouviram dizer. Os demais textos bíblicos não serão contemplados na leitura.

A Convocação

Dos motivos

O cristianismo mudou a história da humanidade, hoje congrega bilhões de fiéis por volta da orla terrestre. Para analisar a história e esclarecê-la à população, é fundamental entrevistarmos os principais narradores que testemunharam: as palavras, as ações, atitudes; conviveram, comungaram de corpo presente com Jesus Cristo. É mais que um dever que eles se apresentem e esclareçam os anseios da humanidade.

Convocados

Tendo por voga esclarecer sobre o cristianismo à população, estão intimados os Senhores discípulos de Jesus Cristo: Mateus; João; Simão, chamado de Pedro;, Tiago, filho de Zebedeu; Bartolomeu; Filipe; Tomé; Judas Iscariotes; Simão; Tiago, filho de Alfeu; André; Tadeu; como os evangelistas Marcos e Lucas. Marcos acompanhou Pedro e escreveu o evangelho. O médico Lucas não conviveu com Jesus, mas soube da existência de Cristo após a crucificação, juntou-se com o apóstolo Paulo e pesquisou a história na época, por isso, os dois também estão convocados para esclarecimentos que se fizerem necessários. O apóstolo Saulo, ou Paulo, será intimado no momento oportuno quando do seu esclarecimento sobre a visão de Cristo.

O Nascimento de Jesus

Uma parte da história.

É do princípio que tudo passa a existir, não há maior importância do que o início. É por isso que se comemora o aniversário de nascimento, foi nesta data que o ser passou a existir no mundo.

No natal é comemorado o nascimento de Jesus. "Na verdade, a data de 25 de dezembro não se deve a um estrito aniversário cronológico, mas sim à substituição, com motivos cristãos, das antigas festas cristãs.

O dia 25 de dezembro era tido também como o do nascimento do misterioso deus iraniano Mitra, o Sol da Virtude.

A razão provável da adoção de 25 de dezembro é que os primeiros cristãos desejaram que a data coincidisse com a festa pagã dos romanos dedicada 'ao nascimento do sol inconquistado', que comemorava o solstício de inverno. A festa do Natal foi instruída oficialmente pelo bispo romano Libério no ano 354."

Fonte: ©Encyclopaedia Britannica do Brasil Publicações Ltda.

O ano zero fora calculado em 533 e.c. (época contemporânea) pelo monge Dionysius Exiguus, a pedido do Papa João 1º. Ele cometeu um erro de quatro anos no seu cálculo, ou seja, quando Jesus nasceu no ano zero, ele já fazia quatro anos de idade.

Fonte: LÄPPLE, Alfred. A Bíblia Hoje: Documentação de História, Geografia, Arqueologia. Edições Paulinas. São Paulo, 1984. Página 138

Vamos à história de vocês.

Nossa investigação sobre a história inicia-se no nascimento de Jesus. Quem de vocês pode nos dizer como foi a concepção de Jesus?

Mateus, pode nos dizer?

"Eis que um anjo do Senhor lhe apareceu em sonhos e lhe disse: José, filho de Davi, não temas receber Maria por esposa, pois o que nela foi concebido vem do Espírito Santo. Ela dará à luz um filho, a quem porás o nome de Jesus, porque ele salvará o seu povo de seus pecados."

(Mateus 1: 20- 21)

Certo Mateus, o anjo do Senhor avisa em sonhos a José que sua noiva concebeu Jesus pelo Espírito Santo, e ele deve recebê-la por esposa. Mas, e Maria, ela não foi avisada de que está grávida?

Mateus, você não recorda! Há algum de vocês que pode nos dizer?

João, Marcos, Pedro, vocês não têm nada a dizer!

Toda história tem um princípio.

Sim, Lucas, você pesquisou alguma informação, diga-nos como foi.

"No sexto mês, o anjo Gabriel foi enviado por Deus a uma cidade da Galileia, chamada Nazaré. Uma virgem desposada com um homem que se chamava José, da casa de Davi e o nome da virgem era Maria. Entrando, o anjo disse-lhe: Ave, cheia de graça, o Senhor é contigo. O anjo disse-lhe: Não temas, Maria, pois encontraste graça diante de Deus. Eis que conceberás e darás à luz um filho, e lhe porás o nome de

Jesus. Ele será grande e chamar-se-á Filho do Altíssimo, e o Senhor Deus lhe dará o trono de seu pai Davi; e reinará eternamente na casa de Jacó."

(Lucas 1: 26 -28 e 30- 32)

Vamos às suas palavras: o anjo do Senhor chama Gabriel, ele confirma a graça do ventre de Maria; confirma a mesma história recebida em sonhos por José, isto é importante, e que eles terão um filho chamado Jesus. Ele será altíssimo. Ótimo, continuemos a história. Transcorrido o tempo da gestação, como foi o nascimento? Você quer a palavra, pode dizer Mateus.

"Tendo, pois, Jesus nascido em Belém de Judá, no tempo do rei Herodes, eis que magos vieram do Oriente a Jerusalém. Perguntaram eles: Onde está o rei dos judeus que acaba de nascer? Vimos a sua estrela no Oriente e viemos adorá-lo. Tendo eles ouvido as palavras do rei, partiram. E eis que a estrela, que tinham visto no Oriente, os foi precedendo até chegar sobre o lugar onde estava o menino e ali parou. Entrando na casa (os magos), acharam o menino com Maria, sua mãe. Prostrando-se diante dele, o adoraram. Depois, abrindo seus tesouros, ofereceram-lhe como presentes: ouro, incenso e mirra."

(Mateus 2:1, 2, 9, 11)

Veja bem, Mateus, Jesus nasceu numa casa e recebeu os magos que lhe ofereceram ouro, incenso e mirra. Vocês, Marcos, João, Pedro, Tiago, confirmam a história de Mateus? Não têm algo a dizer? Não! Sim, Lucas, a sua história é diferente, pode contá-la.

"Ela deu à luz seu filho primogênito, e, envolvendo-o em faixas, reclinou-o num presépio; porque não havia lugar para eles na hospedaria. Havia nos arredores uns pastores, que vigiavam e guardavam seu rebanho nos campos durante as vigílias da noite. Um anjo do Senhor apareceu-lhes e a glória do Senhor refulgiu ao redor deles, e tiveram grande temor. O anjo disse-lhes: Não temais, eis que vos anuncio uma boa nova que será alegria para todo o povo: hoje vos nasceu na Cidade de Davi um Salvador, que é o Cristo Senhor. Isto vos servirá de sinal: achareis um recém-nascido envolto em faixas e posto numa manjedoura. Depois que os anjos os deixaram e voltaram para o céu, falaram os pastores uns com os outros: Vamos até Belém e vejamos o que se realizou e o que o Senhor nos manifestou. Foram com grande pressa e acharam Maria e José, e o menino deitado na manjedoura."

(Lucas 2:7-12, 15-16)

Realmente, Lucas, a sua história do nascimento tem diferenças com a de Mateus. Para Mateus, Jesus nasce numa casa, na sua história, Ele nasce numa manjedoura dentro do presépio. Mas, Lucas, presépio é curral, estábulo onde recolhe o gado, tem esterco que é altamente perigoso para a saúde da mãe e do bebê e é bem diferente de casa. Você, como médico, não acha arriscado dar à luz neste local? Maria e José também não achavam que seria arriscado e seria melhor escolher outro lugar? Ah! Não avaliou. Outra diferença é com relação à visita, para Mateus, os magos; para Lucas, os pastores. Há diferença, também, no aviso do nascimento, para Mateus, foi uma estrela; para você, foi um anjo do senhor. Vejamos um detalhe, os pastores não avistaram a estrela, é provável que eles foram visitá-lo em data diferente da dos magos. Ok! Vocês não sabem. Tudo bem!

Poderíamos entender que os pastores foram no dia do nascimento, e os magos no dia ou dias posteriores. Vocês concordam? Ok, obrigado!

Bom, se concordam, Mateus, por favor reveja sua história para não confrontar com a de Lucas, ou vice-versa, fiquem à vontade para se entenderem. O importante é que não pairem dúvidas sobre suas histórias.

Quando conhecemos alguém que tem muita importância em nossa vida, queremos logo saber seu histórico, de onde vem, como vivia, sua moral, honestidade, sua família, como nasceu. Os evangelistas João e Marcos não trazem essas preciosas informações, simplesmente não comentaram como nasceu Jesus. Será que eles deram pouca importância a esse fato para não narrar?

Se tivéssemos um terceiro testemunho bíblico, poderíamos, então, analisar qual deles elucida mais a realidade do fato e qual procura ser mais poético em suas narrações ou, até mesmo, o tanto que fantasiaram suas histórias.

O Batismo

O batismo é o ritual de purificação do corpo e o renascer espiritual. É uma tradição e um momento importante para o cristão ser purificado, salvo e entrar no reino do céu. Como ocorreu o batismo de Jesus?

O batismo de Jesus foi realizado por João Batista, no Jordão, como um fato histórico notável: "depois que Jesus foi batizado, saiu logo da água. Eis que os céus se abriram e viu descer sobre ele, em forma de pomba, o Espírito de Deus. E do céu baixou uma voz: Eis meu Filho muito amado em quem ponho minha afeição".

(Mateus 3:16-17)

Realmente, Mateus, é um fato notável, a presença viva do espírito e a voz de Deus. Para a igreja cristã, nesse momento, se fez presente a santíssima trindade. Sim, Lucas, você concorda com as palavras de Mateus, pode nos dizer com as suas palavras.

Todo o povo ia sendo batizado, também Jesus o foi. "E, estando ele a orar, o céu se abriu e o Espírito Santo desceu sobre ele em forma corpórea, como uma pomba; e veio do céu uma voz: Tu és o meu Filho bem-amado; em ti ponho minha afeição".

(Lucas 3: 21- 22)

Lucas, você comentou com as mesmas palavras de Mateus, é esse o comentário que se ouvia na época? Como, Marcos e João, vocês têm uma versão diferente, então não era um comentário uniforme! Conte-nos, então, a versão de vocês.

"No momento em que Jesus saía da água, João viu os céus abertos e descer o Espírito em forma de pomba sobre ele. E ouviu-se dos céus uma voz: Tu és o meu Filho muito amado; em ti ponho minha afeição".

(Marcos 1: 10- 11)

E a sua, João, como foi?

João havia declarado: "Vi o Espírito descer do céu em forma de uma pomba e repousar sobre ele". Eu não o conhecia, mas aquele que me mandou batizar em água disse-me: "Sobre quem vires descer e repousar o Espírito, este é quem batiza no Espírito Santo".

(João 1: 32- 33)

Então, só João Batista viu, ou declarou que viu, a presença do Espírito Santo. Mas, João, a sua história difere da dos outros no ponto principal: Deus não apareceu e não falou, a santíssima trindade: Pai – voz, Filho – Jesus, e Espírito Santo – Pomba, não fora revelada, não aconteceu.

Podemos analisar se o povo que estava sendo batizado tivesse tido a mesma visão de João Batista e ouvido a voz de Deus, certamente vocês teriam narrado a reação dos presentes como um fato espetacular da presença do Criador. Infelizmente, não houve comentário sobre a reação e manifestação dos presentes. O que nos leva a compreender que o relato de João é mais próximo do fato ocorrido. Sendo assim, não houve a manifestação da santíssima trindade.

A cena do batismo nos daria a compreensão da bênção de Deus a Jesus, mas não houve mais testemunhas a não ser a declaração de João Batista, que apenas ele viu, mais ninguém, não teve sequer, em ato contínuo ou posterior, comentário de Jesus a respeito.

A história parece um conto regresso, em que os 3 autores, vocês: Mateus, Marcos e Lucas, procuram encontrar os atos e os fatos para consagrar o herói de uma história fantástica. Tanto é que vocês ouviram a história, vocês não estiveram no batizado, repetem as mesmas palavras: "Tu és o meu Filho muito amado; em ti ponho minha afeição", que seria a voz de Deus, não confirmada em João, bem como pelas pessoas que estavam presentes no batismo de Jesus, em nada manifestaram.

Confirmam ou não?... Silêncio...

Deus

No cristianismo, Jesus é sucessor de Deus, é ele o encarregado de levar a salvação e conduzir os fiéis até Deus. Como foi concedida a carta magna de tamanha e nobre missão? Antes, poderíamos perguntar o que é Deus?

"Deus é espírito, e os seus adoradores devem adorá-lo em espírito e verdade."

(João 4:24)

João, se Deus é espírito e devemos adorá-lo, por que as religiões pregam a adoração a Cristo? Se ele é onipresente e onisciente, por que o cristianismo põe Jesus como Deus? Por que Jesus não apresentou seu pai: Deus?

Para que vocês possam responder às perguntas, vamos segmentar nossa análise em ordem dos fatos que nos leva à compreensão da carta magna que concedeu a representação divina a Cristo.

1- Tu és o filho de Deus!

Durante a passagem de Jesus, existia algum fato que nos falasse que ele era filho de Deus?

"Quando os espíritos imundos o viam, prostravam-se diante dele e gritavam: Tu és o Filho de Deus!"

Ele os proibia severamente que o dessem a conhecer".

(Marcos 3: 11- 12)

Mas, Marcos, será que os espíritos imundos iriam anunciar seu concorrente ou mesmo anunciar justamente quem iria acabar com eles?

Quem prostra diante do inimigo a não ser por subordinação da derrota?

Quando que isso ocorre na realidade do mundo? Alguém mais comentava nesse mesmo sentido?

Os escribas, os fariseus (religiosos) da época também falavam: "Ele está possuído de Beelzebul: é pelo príncipe dos demônios que ele expele os demônios".

(Marcos 3:22 e Mateus 12:24)

E o que Jesus respondia para eles?

Jesus respondeu: "Como pode Satanás expulsar a Satanás? Pois, se um reino estiver dividido contra si mesmo, não pode durar. E se Satanás se levanta contra si mesmo, está dividido e não poderá continuar, mas desaparecerá."

(Marcos 3: 23, 24 e 26)

Eu perguntaria a vocês: Mateus, Marcos e João: os doze discípulos escolhidos por Jesus se mantiveram íntegros, não houve divisão? Judas Iscariotes ao trair não foi dissidente, ou seja, o reino de Jesus, já no início, estava dividido.

É, mas Jesus disse: "Conservei os que me deste, e nenhum deles se perdeu, exceto o filho da perdição, para que se cumprisse a Escritura".

(João 17:12)

João, não cabe especularmos que isso fazia parte da missão divina e da Escritura, como você fala. Mais divino seria se não houvesse qualquer traição dos seus escolhidos. Temos que admitir: falha de escolha ou foi falha de ensinamento.

"É que Jesus escolheu todos os doze, contudo, um deles era um demônio."

(João 6:70)

Quanto a essa escolha de "um de vocês era um demônio", agrava mais ainda a situação. Vejamos, a maior missão de Jesus foi fazer a redenção da humanidade sobre o pecado original por meio da crucificação e da ressurreição. A crucificação iniciou com a traição de Judas, poderia, então, a missão ser confiada a um demônio?

E ele iria trair a si mesmo?

Dificilmente. É melhor admitir falha de escolha ou de ensinamento.

Se não houvesse falha, não haveria divisão no cristianismo.

Infelizmente, no decorrer das histórias, as divisões religiosas cristãs são claras e evidentes. No entanto, existe um feitiço psicológico nos seus praticantes que não percebem que só o fato de existir mais de uma igreja cristã é uma divisão, bem como é divisão o desentendimento sobre interpretações da Bíblia entre protestantes, católicos, evangélicos.

Podemos ver chacina, derramamento de sangue ocorrido por vários anos na Irlanda do Norte nos conflitos entre Católicos e Protestantes, sem entrar em outros casos de guerras entre religiões.

Os fiéis de uma igreja são tolerantes com os fiéis praticantes da mesma igreja, e intolerantes quando conversam sobre os mesmos assuntos bíblicos com fiéis de outra igreja cristã, seja: católica, protestante ou evangélica.

Nós vivemos em uma única casa chamada Terra. Se não temos outra casa para morar, por que tantos conflitos, guerras, destruições, lutas e matanças religiosas?

Por que tanto sectarismo?

É muito difícil entender a autodestruição por crenças e facções religiosas.

É que Jesus falou: "Se alguém não permanecer em mim será lançado fora,como o ramo. Ele secará e hão de ajuntá-lo e lançá-lo ao fogo, e queimar-se-á".

(João 15:6)

As religiões seguem a Cristo e pregam seus ensinamentos.

João, você tem razão. Essa filosofia de Cristo: se não é comigo é contra, contagia os seguidores sem que os mesmos percebam o quanto estão influenciados por este pensamento: se não comungar com a minha religião, será condenado ao inferno.

Já debati com muitos religiosos, sempre me condenam ao inferno, por não conseguirem sobressair. Um verdadeiro ato de maldade e crueldade para com a própria humanidade.

Os homens não podem ser livres se não comungar com os mesmos princípios religiosos. Atitude assim não pode ser de Deus, está privando o bem mais sagrado concedido ao ser humano: o livre-arbítrio.

A divisão cristã hoje é tão grande que poderíamos tentar contar o número de religiões que existem: Igreja Católica Apostólica Romana, Igreja Batista, Presbiteriana, Metodista, Luterana e Anglicana, Congregação Cristã do Brasil, Assembleia de Deus, Igreja do Evangelho Quadrangular, Deus é Amor, Igreja Universal do Reino de Deus, Igreja Renascer em Cristo, entre muitas, sem poder chegar com absoluta certeza a um número certo. Como elas não são ecumênicas, a cada dia abre uma nova segmentação da igreja cristã. Se não houvesse divisão, teríamos uma única igreja ou elas não condenariam as outras divisões, como não falariam que as outras estão erradas. Mas, no meu entender, este pensamento de condenação está errado.

Estamos desviando do ponto central do nosso assunto, voltemos a ele.

Outro aspecto que poderíamos constatar sobre a delegação da carta magna seria a declaração de João Batista, "...vi os céus abertos e descer o Espírito em forma de pomba sobre ele. E ouviu-se dos céus uma voz: 'Tu és o meu Filho muito amado; em ti ponho minha afeição'".

Mas essa afirmação de céus abertos e da pomba não é confirmada pelos presentes, somente João Batista declarou que viu uma pomba e nada ouviu sobre a voz de Deus. À constatação dos fatos é importante a presença de terceiros, não partidários para ser digna de fé.

É, é isso, Jesus mesmo disse: "Se eu der testemunho de mim mesmo, não é digno de fé o meu testemunho".

(João 5:31)

É verdade! Assim precisaríamos de mais constatações no texto bíblico sobre a delegação da carta magna.

Quando o sumo sacerdote perguntou-lhe: "És tu o Cristo, o Filho de Deus bendito?" Jesus respondeu: "Eu o sou. E vereis o Filho do Homem sentado à direita do poder de Deus, vindo sobre as nuvens do céu".

(Marcos 14: 61- 62)

É um fato importante, Marcos. A época em que deveria acontecer a profecia seria a mesma em que o sumo sacerdote vivesse na Terra. Ele seria testemunha da carta magna à humanidade, pois: *vereis o Filho do Homem sentado à direita de Deus*. Podemos perguntar a vocês: essa profecia aconteceu enquanto o sumo sacerdote estivesse vivo na Terra? Há relatos? Não sabem! Ok, obrigado!

Mas algum relato? Não! Obrigado!

2- O que é preciso para ser Deus?

A sustentação para ser Deus é baseada nos pilares: milagre, salvação, poder sobre a natureza: terra e céu, e a principal: a ressurreição, que é a consagração de Jesus sobre a morte. Vamos, primeiramente, entrar no aspecto principal, a ressurreição.

A consagração maior de um Deus terreno é a ressurreição, a vitória sobre a morte. Na Bíblia encontramos duas mais evidentes: a de Lázaro e a de Jesus Cristo. Vamos começar com a de Lázaro.

"Quanto a Lázaro, antes de ser ressuscitado, Jesus declarou abertamente como morto, na sua chegada já havia quatro dias que Lázaro estava no sepulcro".

(João 11: 14 e 17)

Continue, João, contando como foi a ressurreição.

"Levantando Jesus os olhos ao alto, disse: 'Pai, rendo-te graças, porque me ouviste. Eu bem sei que sempre me ouves, mas falo assim por causa do povo que está em roda, para que creiam que tu me enviaste'. "Depois dessas palavras, exclamou em alta voz": 'Lázaro, vem para fora!' E o morto saiu, tendo os pés e as mãos ligados com faixas, e o rosto coberto por um sudário. Ordenou, então, Jesus: "Desligai-o e deixai-o ir".

(João 11: 41- 44)

Houve algum comentário do ressuscitado?

"Seis dias antes da Páscoa, foi Jesus a Betânia, onde vivia Lázaro, que ele ressuscitara. Deram ali uma ceia em sua honra. Marta servia e Lázaro era um dos convivas."

(João 12: 1- 2)

Não, não houve comentários.

Lázaro ficou quatro dias morto no sepulcro. Ao ser ressuscitado, Lázaro poderia nos desvendar um dos maiores mistérios da religião: a vida após a morte. Se vamos para o céu ou para o inferno. Mas a Bíblia não traz qualquer comentário do ressuscitado a esse respeito. Ninguém perguntou, e ele simplesmente nada falou. Existe ou não existe vida após a morte?

Pela falta de comentário de Lázaro, se existe ou não vida após a morte, poderia haver dois entendimentos: ele não morreu e estava numa letargia profunda, e qualquer outra explicação científica, ou não existe vida após a morte. Se ele não morreu, não houve ressurreição, não houve milagre. Se morreu e ressuscitou, mas não trouxe nenhuma informação, admite-se que não existe vida após a morte. Entra-se numa encruzilhada: ou admite-se que não houve milagre ou que não existe vida após a morte. No segundo caso, as religiões perdem seu sentido, pois seus fundamentos são, exatamente, a vida após a morte e, no primeiro, também perdem, no caso, a ausência do milagre.

Poderíamos recorrer a ressurreição de Jesus, vamos fazer por etapas.

A) No sepulcro

a.1) a descoberta

Vamos, primeiramente, ver quem e depois como foi a descoberta de que Jesus havia ressuscitado. Quem descobriu?

"Maria Madalena e a outra Maria foram ver o túmulo."

(Mateus 28:1)

"Maria Madalena, Maria, mãe de Tiago, e Salomé compraram aromas para ungir Jesus. E no primeiro dia da semana, foram muito cedo ao sepulcro, mal o sol havia despontado."

(Marcos 16: 1- 2)

"Maria Madalena foi ao sepulcro, de manhã cedo, quando ainda estava escuro."

(João 20:1)

Vocês não se entendem mesmo, e como foi?

"E eis que houve um violento tremor de terra: um anjo do Senhor desceu do céu, rolou a pedra e sentou-se sobre ela. Resplandecia como relâmpago e suas vestes eram brancas como a neve. Mas o anjo disse às mulheres: Não temais! Sei que procurais Jesus, que foi crucificado. Não está aqui: ressuscitou como disse. Vinde e vede o lugar em que ele repousou. Ide depressa e dizei aos discípulos que ele ressuscitou dos mortos."

(Mateus 28: 2- 7)

Obrigado, Mateus. Marcos, conte-nos a sua história.

"No primeiro dia da semana, foram muito cedo ao sepulcro, mal o sol havia despontado. E diziam entre si: Quem nos há de remover a pedra da entrada do sepulcro? Levantando os olhos, elas viram removida a pedra, que era muito grande. Entrando no sepulcro, viram, sentado do lado direito, um jovem, vestido de roupas brancas, e assustaram-se. Ele lhes falou: Não tenhais medo; buscais Jesus de Nazaré, que foi crucificado; ele ressuscitou, já não está aqui; eis o lugar onde o depositaram. Mas ide, dizei a seus discípulos e a Pedro que ele vos precede na Galileia."

(Marcos 16: 2- 7)

Obrigado, Marcos. E você, João, como foi?

"No primeiro dia que seguia ao sábado, Maria Madalena foi ao sepulcro de manhã cedo, quando ainda estava escuro. Viu a pedra removida do sepulcro. Correu e foi dizer a Simão Pedro e ao outro discípulo a quem Jesus amava: Tiraram o Senhor do sepulcro, e não sabemos onde o puseram! Saiu então Pedro com aquele outro discípulo, e foram ao sepulcro. Corriam juntos, mas aquele outro discípulo correu mais depressa do que Pedro e chegou primeiro ao sepulcro. Inclinou-se e viu ali os panos no chão, mas não entrou. Viu também o sudário que estivera sobre a cabeça de Jesus. Não estava, porém, com os panos, mas enrolado num lugar à parte. Então entrou também o discípulo que havia chegado primeiro ao sepulcro. Viu e creu.

Em verdade, ainda não haviam entendido a Escritura, segundo a qual Jesus devia ressuscitar dentre os mortos. Os discípulos, então, voltaram para as suas casas. Entretanto, Maria se conservava do lado de fora perto do sepulcro e chorava. Chorando, inclinou-se para olhar dentro do sepulcro. Viu dois anjos vestidos de branco, sentados onde estivera o corpo de Jesus, um à cabeceira e outro aos pés. Eles lhe perguntaram: Mulher, por que choras? Ela respondeu: Porque levaram o meu Senhor, e não sei onde o puseram."

(São João 20:1- 13)

Bom, vocês contaram a descoberta da ressurreição de forma distinta. Para Mateus, Maria Madalena e outra foram ao túmulo; para Marcos: Maria Madalena, Maria, mãe de Tiago, e Salomé; já para João: apenas Maria Madalena foi de manhã ao sepulcro e correu para chamar os discípulos Simão Pedro e outro.

João, é estranho, você não relata o nome do outro discípulo, apenas diz "a quem Jesus amava". Há casos similares de vocês se referirem à terceira pessoa em vez de dizer na primeira pessoa, como Mateus:

"Jesus viu um homem chamado Mateus, que estava sentado no posto do pagamento das taxas. Disse-lhe: Segue-me. O homem levantou-se e o seguiu."

(Mateus 9:9)

Mateus, você deveria ter falado: "e me viu e eu levantei", em vez de falar de um homem chamado Mateus. Dá a entender que seus textos foram escritos por terceiros, e não pelos próprios evangelistas. Tudo bem que vocês estivessem com medo das perseguições, mas a preocupação maior haveria de ser com a história.

Outro aspecto distinto é com relação ao(s) anjo(s): em Mateus, Maria Madalena e a outra viram um anjo sentado em cima da pedra do lado de fora (28:2 e 28:5); em Marcos, as três: Maria Madalena, Maria, mãe de Tiago, e Salomé, viram um jovem dentro do sepulcro (16:5) e, em João, somente Maria Madalena viu dois anjos dentro do sepulcro

(20:10 e 20:11)

O testemunho que vocês nos dão são todos diferentes, o único fato que colide é a ausência do corpo de Jesus.

a.2) a revelação

Vamos ao acontecimento mais maravilhoso da história: a revelação da ressurreição. Mateus, comece por você, diga-nos como foi.

"Maria Madalena e a outra Maria se afastaram prontamente do túmulo com certo receio, mas ao mesmo tempo com alegria, e correram a dar a boa-nova aos discípulos. Nesse momento, Jesus apresentou-se diante delas e disse-lhes: Salve! Aproximaram-se elas e, prostradas diante dele, beijaram-lhe os pés. Disse-lhes Jesus: Não temais! Ide dizer aos meus irmãos que se dirijam à Galileia, pois é lá que eles me verão."

(Mateus 28: 8- 10)

Obrigado! Sua vez, Marcos.

"Tendo Jesus ressuscitado de manhã, no primeiro dia da semana apareceu primeiramente a Maria de Magdala, de quem tinha expulsado sete demônios. Foi ela noticiá-lo aos que estiveram com ele, os quais estavam aflitos e chorosos. Quando souberam que Jesus vivia e que ela o tinha visto, não quiseram acreditar."

(Marcos 16: 9- 11)

Interessante, Marcos, os discípulos não quiseram acreditar. Todos tiveram um comportamento parecido com o de Tomé.

Você, João, pode nos contar sua passagem sobre a revelação.

"Os anjos perguntaram a Maria Madalena: Mulher, por que choras? Ela respondeu: Porque levaram o meu Senhor, e não sei onde o puseram. Ditas estas palavras, voltou-se para trás e viu Jesus em pé, mas não o reconheceu. Perguntou-lhe Jesus: Mulher, por que choras? Quem procuras? Supondo ela que fosse o jardineiro, respondeu: Senhor, se tu o tiraste, dize-me onde o puseste e eu o irei buscar. Disse-lhe Jesus: Maria! Voltando-se ela, exclamou em hebraico: Rabôni! (que quer dizer Mestre). Disse-lhe Jesus: Não me retenhas, porque ainda não subi a meu Pai, mas vai a meus irmãos e dize-lhes: Subo para meu Pai e vosso Pai, meu Deus e vosso Deus. Maria Madalena correu para anunciar aos discípulos que ela tinha visto o Senhor e contou o que ele lhe tinha falado."

(João 20: 13- 17)

Mateus, na sua história, Jesus aparece para Maria Madalena e a outra Maria, tendo elas beijado os pés de Jesus. Para João e Marcos, Ele apareceu apenas para Maria Madalena.

João, a sua passagem nos chama atenção, ao aparecer para Maria Madalena, Jesus disse: *"Não me retenhas, porque ainda não subi a meu Pai"*. É um fato no mínimo curioso não ter subido aos céus. Onde ficou e fazendo o que nestes dias? Lucas, o que Jesus falou ao bandido crucificado ao seu lado, antes de morrer na cruz?

"Jesus respondeu-lhe: Em verdade te digo: hoje estarás comigo no paraíso."

(Lucas 23:43)

Há aí uma situação muito complicada. Jesus ficou três dias no túmulo e não foi para o céu, mas prometeu ao bandido que estaria com ele no paraíso, no mesmo dia da morte. Mentiu para o bandido ou para Maria? Ou, Lucas, sua história não é verdadeira?

Será que a alma não vai para o céu?

Será que para ir ao céu é preciso do corpo, como Jesus ao ressuscitar?

Existe algum comentário a esse respeito?

Jesus afirma que ninguém subiu ao céu senão aquele que desceu do céu, o "Filho do Homem que está no céu".

(João 3:13)

João, se aplicar essas palavras, ninguém subirá ao céu, nem a alma ou espírito, e em vão serão os sacrifícios religiosos.

Qual é a prerrogativa de Maria Madalena para Jesus revelar primeiramente a ela?

"Ela foi curada por Jesus de enfermidade e saiu sete demônios de seu corpo."

(Lucas 8:2)

"Ela o acompanhou na crucificação."

(João 19:25)

Essas passagens não revelam um motivo maior do privilégio que ela recebeu. Permanece o questionamento!

B) Com os discípulos

Agora é com vocês, deve ter sido uma enorme emoção. Podem nos dizer como Jesus apareceu a vocês após a ressurreição.

"Os onze discípulos foram para a Galileia, para a montanha que Jesus lhes tinha designado. Quando o viram, adoraram-no; entretanto, alguns hesitavam ainda. Mas Jesus, aproximando-se, lhes disse: 'Toda autoridade me foi dada no céu e na terra. Ide, pois, e ensinai a todas as nações; batizai-as em nome do Pai, do Filho e do Espírito Santo. Ensinai-as a observar tudo o que vos prescrevi. Eis que estou convosco todos os dias, até o fim do mundo'."

(Mateus 28: 16- 20)

Há outra passagem, Mateus? Não se lembra! Obrigado!

Marcos, pode nos dizer como Jesus apareceu a vocês após a ressurreição.

"Mais tarde, ele apareceu sob outra forma a dois entre eles que iam para o campo. Eles foram anunciá-lo aos demais. Mas estes tampouco acreditaram. Por fim apareceu aos Onze, quando estavam sentados à mesa, e censurou-lhes a incredulidade e dureza de coração, por não acreditarem nos que o tinham visto ressuscitado. E disse-lhes: Ide por todo o mundo e pregai o Evangelho a toda criatura. Quem crer e for batizado será salvo, mas quem não crer será condenado. Estes milagres acompanharão os que crerem: expulsarão os demônios em meu nome, falarão novas línguas, manusearão serpentes e, se beberem algum veneno mortal, não lhes fará mal; imporão as mãos aos enfermos e eles ficarão curados. Depois que o Senhor Jesus lhes falou, foi levado ao céu e está sentado à direita de Deus."

(Marcos 16: 12- 19)

Marcos, Jesus apareceu sob outra forma a dois entre eles que iam para o campo, você lembra a forma e quem foram os dois? Não! Outro aspecto, ele censurou-lhes a incredulidade e dureza de coração, por não acreditarem nos que tinham visto Ele ressuscitado e designou a missão aos discípulos, disse-lhes: "Ide por todo o mundo e pregai o Evangelho a toda criatura. Quem crer e for batizado será salvo, mas quem não crer será condenado". Vocês, discípulos que viram e viveram, estavam incrédulos e duros do coração, Jesus apenas os censurou, mas para os que ainda não o conhecem e não o viram, se não crerem, serão condenados.

É assustador e cruel, parece com um ditador: ou é por mim ou será condenado. A crueldade é, ao mesmo tempo, contrário ao amor para com o próximo e ao livre-arbítrio concedido por Deus. Foram as palavras de Jesus? Sim! Obrigado.

Marcos, há outra passagem?
Não!
Obrigado!

João, pode nos dizer como Jesus apareceu a vocês após a ressurreição.

"Na tarde do mesmo dia, que era o primeiro da semana, os discípulos tinham fechado as portas do lugar onde se achavam, por medo dos judeus. Jesus veio e pôs-se no meio deles. Disse-lhes ele: A paz esteja convosco! Dito isso, mostrou-lhes as mãos e o lado. Os discípulos alegraram-se ao ver o Senhor. Disse-lhes outra vez: A paz esteja convosco! Como o Pai me enviou, assim também eu vos envio a vós. Depois dessas palavras, soprou sobre eles dizendo-lhes: Recebei o Espírito Santo. Àqueles a quem perdoardes os pecados, ser-lhes-ão perdoados; àqueles a quem os retiverdes, ser-lhes-ão retidos. Tomé, um dos Doze, chamado Dídimo, não estava com eles quando veio Jesus. Os outros discípulos disseram-lhe: Vimos o Senhor. Mas ele replicou-lhes: Se não vir nas suas mãos o sinal dos pregos, e não puser o meu dedo no lugar dos pregos, e não introduzir a minha mão no seu lado, não acreditarei!."

(João 20:19- 25)

João, vocês falam na terceira pessoa, "apareceu e pôs-se no meio deles". Teria de falar na primeira pessoa, apareceu e pôs-se junto a nós. Neste momento, Jesus soprou e vocês receberam o Espírito Santo, como receberam uma missão de perdoar os pecados. Teve mais alguma aparição? Sim! Diga-nos.

Oito dias depois, estavam os seus discípulos outra vez no mesmo lugar e Tomé com eles. "Estando trancadas as portas, veio Jesus, pôs-se no meio deles e disse: A paz esteja convosco! Depois disse a Tomé: Introduz aqui o teu dedo, e vê as minhas mãos. Põe a tua mão no meu lado. Não sejas incrédulo, mas homem de fé. Respondeu-lhe Tomé: Meu Senhor e meu Deus! Disse-lhe Jesus: Creste, porque me viste. Felizes aqueles que crêem sem ter visto!."

(João 20: 26- 29)

Bom, João, pelo menos Jesus perdoou Tomé por não crer, e ainda disse: *"felizes aqueles que crêem sem ter visto"*, mas não dá o mesmo tratamento aos demais que não crêem. Tem mais alguma passagem?

"Depois disso, tornou Jesus a manifestar-se aos seus discípulos junto ao lago de Tiberíades. Manifestou-se deste modo: estavam juntos Simão Pedro, Tomé (chamado Dídimo), Natanael (que era de Caná da Galileia), os filhos de Zebedeu (Tiago e João) e outros dois dos seus discípulos. Disse-lhes Simão Pedro: Vou pescar. Responderam-lhe eles: Também nós vamos contigo. Partiram e entraram na barca. Naquela noite, porém, nada apanharam. Chegada a manhã, Jesus estava na praia. Todavia, os discípulos não O reconheceram. Perguntou-lhes Jesus: Amigos, não tendes acaso alguma coisa para comer? Não, responderam-lhe. Disse-lhes Ele: Lançai a rede ao lado direito da barca e achareis.

Lançaram-na, e já não podiam arrastá-la por causa da grande quantidade de peixes. Então aquele discípulo, que Jesus amava, disse a Pedro: É o Senhor! Quando Simão Pedro ouviu dizer que era o Senhor, cingiu-se com a túnica (porque estava nu) e lançou-se às águas. Era esta já a terceira vez que Jesus se manifestava aos seus discípulos, depois de ter ressuscitado. Perguntou-lhe pela terceira vez: Simão, filho de João, amas-me? Pedro entristeceu-se porque lhe perguntou pela terceira vez: Amas-me?, e respondeu-lhe: Senhor, sabes tudo, tu sabes que te amo. Disse-lhe Jesus: Apascenta as minhas ovelhas. Em verdade, em verdade te digo: quando eras mais moço, cingias-te e andavas aonde querias. Mas, quando fores velho, estenderás as tuas mãos, e outro te cingirá e te levará para onde não queres. Por estas palavras, ele indicava o gênero de morte com que havia de glorificar a Deus."

(João 21: 1- 7, 14, 17- 19)

Mateus narra uma passagem da presença de Jesus fisicamente ressuscitado, Marcos, duas; e João, três? Interessante essa última passagem, Pedro estava nu, era costume dele ficar assim? Jesus não chamava a sua atenção? O interessante, também, é que Jesus chamou a atenção de Pedro por três vezes e concedeu-lhe perdão por tê-lo negado três vezes.

C) Com Saulo

Um aspecto importante na história da ressurreição é com respeito a Saulo. Ele não tinha vínculos com o cristianismo, pelo contrário, era um soldado que vivia perseguindo os cristãos iminentes na época, caçava-os e os levava à prisão.

(Atos dos Apóstolos 8:3)

Saulo não se fez presente, então vamos retirar do texto bíblico para compreender essa importante passagem.

Jesus apareceu para Saulo durante uma viagem, "subitamente o cercou uma luz resplandecente vinda do céu. Caindo por terra, ouviu uma voz que lhe dizia: Saulo, Saulo, por que me persegues? Saulo disse: Quem és, Senhor?

Respondeu ele: Eu sou Jesus, a quem tu persegues. Então, trêmulo e atônito, disse ele: Senhor, que queres que eu faça? Respondeu-lhe o Senhor: Levanta-te, entra na cidade. Aí te será dito o que deves fazer. Os homens que o acompanhavam enchiam-se de espanto, pois ouviam perfeitamente a voz, mas não viam ninguém. Saulo levantou-se do chão. Abrindo, porém, os olhos, não via nada. Tomaram-no pela mão e o introduziram em Damasco, onde esteve três dias sem ver, sem comer nem beber".

(Atos dos Apóstolos 9: 3 a 9)

Vocês têm algo a comentar sobre esse episódio? Não! Obrigado!

Pelo texto, Saulo viu uma luz e não viu fisicamente Jesus, soube que era Ele por meio da identificação da voz: "Eu sou Jesus". Não há no texto nova aparição a Saulo, como também João, Marcos e Mateus não comentam sobre esse episódio em seus testemunhos e em nada falam de Saulo ou Paulo. Como não há uma visão física para Saulo, no mesmo modo que houve para Maria Madalena e aos discípulos, infelizmente, não se constata como prova cabal da ressurreição física.

A ressurreição de Jesus só foi vista pelos seus, o que muito a invalida conforme suas palavras: "Se eu der testemunho de mim mesmo, não é digno de fé o meu testemunho" (João 5:31). Do mesmo modo, o testemunho das pessoas vinculadas aos mesmos interesses, no caso, seus discípulos, como de menor ou maior grau: Maria Madalena.

Jesus dá uma explicação a Judas ao responder sua pergunta: "Senhor, por que razão hás de manifestar-te a nós e não ao mundo? Ele respondeu-lhe: Se alguém me ama, guardará a minha palavra e meu Pai o amará, e nós viremos a ele e nele faremos nossa morada"

(João 14: 22- 23).

João, essa explicação nos dá uma ideia de que naquela época somente os seus o amavam. Embora tendo realizado milagres, curado, salvado, sido acompanhado por multidões, não foi amado, senão pelos seus. Ciente da magnitude da ressurreição, Jesus teria que ter outro conceito e aparecer ao mundo inteiro, em outros países, e não só para os seus. Como ressuscitado e como Deus, poderia aparecer para a humanidade até os dias atuais e mudar toda a história de guerra, oblações dolorosas, perseguições, caças às bruxas, chacinas contra crianças, e vários crimes cometidos pelos homens religiosos.

(vide livro: Perseguições Religiosas, James A. Haught, Ediouro Publicações S.A.).

D) Outro aspecto sobre sepultamento e ressurreição – O sudário

Um aspecto não menos importante sobre o sepultamento e ressurreição é o sudário. Vamos ver o que vocês trazem, como também Lucas por ser médico.

À tardinha, um homem rico de Arimateia, chamado José, que era também discípulo de Jesus, foi procurar Pilatos e pediu-lhe o corpo de Jesus. Pilatos cedeu-o. José tomou o corpo, envolveu-o num lençol branco e o depositou num sepulcro novo, que tinha mandado talhar para si na rocha. Depois rolou uma grande pedra à entrada do sepulcro e foi-se embora

(Mateus 27: 57- 60).

Obrigado, Mateus. Marcos, o que você tem para nos contar?

Quando já era tarde – era a Preparação, isto é, a véspera do sábado –, veio José de Arimateia, ilustre membro do conselho, que também esperava o Reino de Deus; ele foi resoluto à presença de Pilatos e pediu o corpo de Jesus. Pilatos admirou-se de que ele tivesse morrido tão depressa. E, chamando o centurião, perguntou se já havia muito tempo que Jesus tinha morrido. Obtida a resposta afirmativa do centurião, mandou dar-lhe o corpo. Depois de ter comprado um pano de linho, José tirou-o da cruz, envolveu-o no pano e depositou-o num sepulcro escavado na rocha, e rolou uma pedra para fechar a entrada

(Marcos 15: 42-46).

Certo, obrigado, Marcos. Lucas, pode nos dizer.

Havia um homem, por nome José, membro do conselho, homem reto e justo. Foi ter com Pilatos e lhe pediu o corpo de Jesus. Ele o desceu da cruz, envolveu-o num pano de linho e colocou-o num sepulcro, escavado na rocha, onde ainda ninguém havia sido depositado. Era o dia da Preparação e já ia principiar o sábado

(Lucas 23:50 e 52- 54).

Lucas, há algo mais a respeito do sudário? Sim.

Pedro correu ao sepulcro; inclinando-se para olhar, viu só os panos de linho na terra. Depois, retirou-se para a sua casa, admirado do que acontecera

(Lucas 24:12).

João, pode nos dizer como foi?

"Depois disso, José de Arimateia, que era discípulo de Jesus, mas ocultamente, por medo dos judeus, rogou a Pilatos a autorização para tirar o corpo de Jesus. Pilatos permitiu. Foi, pois, e tirou o corpo de Jesus. Acompanhou-o Nicodemos (aquele que anteriormente fora de noite ter com Jesus), levando umas cem libras de uma mistura de mirra e aloés. Tomaram o corpo de Jesus e envolveram-no em panos com os aromas, como os judeus costumam sepultar. No lugar em que ele foi crucificado havia um jardim, e no jardim um sepulcro novo, em que ninguém ainda fora depositado. Foi ali que depositaram Jesus por causa da Preparação dos judeus e da proximidade do túmulo".

(São João 19: 38- 42).

Mateus e Marcos nos dizem que foi com um pano de linho, Lucas ora nos fala em um pano, ora em panos. Você, João, fala em panos e que era o costume dos judeus sepultar. Pode nos explicar como comprovou que eram panos?

"Saiu, então, Pedro com aquele outro discípulo, e foram ao sepulcro. Corriam juntos, mas aquele outro discípulo correu mais depressa do que Pedro e chegou primeiro ao sepulcro. Inclinou-se e viu ali os panos no chão, mas não entrou. Chegou Simão Pedro, que seguia, e entrou no sepulcro, vendo os panos postos no chão. Viu também o sudário que estivera sobre a cabeça de Jesus. Não estava, porém, com os panos, mas enrolado num lugar à parte".

(João 20: 3- 7).

O outro discípulo era você? Quer dizer que você viu os panos e o sudário que estivera na cabeça de Jesus. Você disse que era costume, o de Lázaro foi o mesmo procedimento?

Sim. Tendo ressuscitado, "o morto saiu, tendo os pés e as mãos ligados com faixas, e o rosto coberto por um sudário"

(João 11:44).

Lucas, como um médico comete um engano como este: ora o corpo foi sepultado com um pano, ora com os panos?

Marcos e Mateus, vocês nos disseram apenas um pano de linho, comentar que é ingenuidade de vocês, por desconhecerem os procedimentos de sepultamento, nos daria a visão de que seus escritos são superficiais, o que rebaixaria o valor e a santidade de suas palavras. Já o erro de Lucas é imperdoável para um profissional. Um médico não pode estar desatento ao que faz, não pode ser negligente, o que resultaria ao paciente as piores consequências. Por ser uma escritura divina, por ser um profissional, não pode cometer este erro.

A Igreja Católica, em 1978, expôs para visitação pública na Catedral de São João Batista, na cidade de Turim – Itália, uma relíquia hoje conhecida no mundo inteiro por o Santo Sudário de Turim. Ao todo compareceram mais de 3 milhões de pessoas de todo o mundo nos quarenta dias de exposição. O Sudário trata-se de um lençol que apresenta algo mais espantoso do que uma simples tradição: nele está gravado, de maneira ainda inexplicável, o corpo de um homem que apresenta todos os sinais de alguém submetido às maiores torturas, terminando pela morte por crucifixão.

(Evaldo Alves D´Assumpção –
Sudário de Turim Edições Loyola – 1981)

Por que os evangelistas: Mateus, Marcos, Lucas e João, que narram sobre o Sudário de Jesus, não comentam sobre a imagem no tecido?

A Igreja deveria tomar as maiores cautelas para exposição dessa relíquia: em primeiro, estará confrontando com a Bíblia, e ainda que foi mais de um tecido; segundo, enquanto não tiver a absoluta certeza, não explorará a boa-fé.

Passada a ressurreição, voltemos aos milagres

Para comprovar o diploma da carta magna concedida por Deus, Jesus precisa fazer milagres e provar aos homens terrenos o seu poder sobre a natureza, sobre os espíritos imundos e a capacidade de curar, como salvar pessoas.

Algum de vocês pode nos dizer a respeito do porquê da existência do milagre?

Jesus nos dá uma explicação a respeito do milagre ao responder a indagação dos discípulos: "Mestre, quem pecou, este homem ou seus pais, para que nascesse cego? Jesus respondeu: Nem este pecou nem seus pais, mas é necessário que nele se manifestem as obras de Deus"

(João 9: 2- 3).

João, essas palavras soam de forma estranha com relação ao Criador: Deus cria seres humanos uns perfeitos fisicamente e outros deficientes, aí ele realiza obras nos deficientes para provar, ao que está perfeito, sua divindade. Há sentido nisso? Que valor tem esse milagre? Nenhum!

É um conceito um tanto estranho a respeito de um ser divino e supremo. Ele cria um homem com defeito e prova ao homem, à sua própria obra, que é um ser supremo capaz de curá-lo. Parece até coisa de cientista maluco. O cientista diz: olha aqui, eu faço isso e aquilo, faço os cegos enxergarem, os cochos andarem, ando por cima da água, você, próprio coitado, nada pode. Eu não te ensinarei como faz isso, basta ter fé. Eu sou deus, você não. Para você ser beneficiado por mim, terá que implorar, ajoelhar, rezar, torturar-se, aí, depois de sofrer, cuidarei de ti, te darei um paraíso eterno, onde não há sofrimento. Coisa de louco, contraditória com a realidade da vida que vivemos.

A vida nos ensina que o que preparamos, plantamos e fazemos hoje é o que colheremos e viveremos no futuro. Se plantarmos limão, colheremos limão; se plantarmos virtudes, teremos virtudes; se plantarmos maldade, teremos maldade. É assim para um estudante, um profissional, para tudo que vive e faz, sempre estará preparando para o que viverá no dia seguinte, na etapa posterior.

No caso religioso que prega o sacrifício, comparado com a realidade, se fica sofrendo, torturando é para preparar para o sofrimento que enfrentará no futuro. Se assim for, como a natureza nos demonstra, o que faz colhe, o paraíso prometido é completamente diferente ao enunciado pelas religiões.

E o que o cego disse ao ser curado por Jesus?

Interrogaram o cego: Onde está esse homem que o curou? Ele respondeu: "Não o sei".

(João 9:12).

João, mas este cego não deu a menor importância ao milagre que lhe ocorreu. Imagine a felicidade de qualquer cego ao passar a ver! Estaria dando pulos de alegria, estaria admirando o mundo, agradecendo quem fez isto por ele. Não, pelo contrário, ele está indiferente a tudo, simplesmente responde: "Não sei", nem sequer agradece. Parece algo combinado, e o pior, mal combinado.

Não deixa de ser interessante o conceito religioso sobre Deus. Deus prova que é Deus à sua criação que Ele tem poder de salvar, curar e condenar. Que conceitos loucos a respeito de Deus.

Normalmente a sociedade valoriza o físico, casas, automóveis, roupas, aparência. Mas são os valores extra-físicos que permanecem no tempo, como o amor, a paz, a felicidade, a honestidade, a amizade, esses valores são eternos. A humanidade pode viver sem os valores físicos, mas é incapaz de viver, em comunidade, sem os valores extra-físicos.

Maior milagre não é o de o cego passar a ver, o cocho a andar, Lázaro ressuscitar, mas ensinar aos outros os valores extra-físicos e como fazer o milagre. Por ser ensinada a medicina, ela salva muito mais que a religião, a ciência cura muito mais que religião, as duas ensinam como fazer, juntas salvam e fazem muito mais milagres físicos e extra-físicos do que as contas das religiões juntas.

Sempre tive um conceito de que a vida deve ter um sentido maior que a vida física, afinal de contas, tudo passa e acaba fisicamente. Nesse aspecto, não compreendo como os santos socorrem milagrosamente a vida física e para quê.

O verdadeiro milagre é o que transforma a realidade. Veja um professor! Ele executa diariamente o milagre da transformação das pessoas, tira-as da ignorância, da incapacidade e as capacita para a vida social e profissional. Veja o milagre de uma planta, do nada produz alimentos. Veja o milagre do amor, transforma vidas e faz novas vidas. Veja o milagre da água, por onde passa beneficia e transforma a natureza. Mas os milagres bíblicos só tratam de milagres físicos da vida humana, não contemplam a grandiosidade dos milagres que acontecem diariamente na Criação de Deus. Por não contemplar a participação da natureza, não pode enobrecê-los acima do que Deus criou.

Deixe somente o homem sobre a face da Terra, sem água, animais, plantas, insetos, ele vai sobreviver? Não, não irá sobreviver, e sua vida não terá sentido se não colaborar com toda a natureza; como não há sentido nos milagres religiosos que só contemplam o homem. Esses milagres são, na verdade, falta de respeito com o Criador, com a natureza e o Universo.

Por isso, não vamos ficar aqui narrando milagres do físico humano.

Como seguir a Cristo? Como ser discípulo de Jesus?

Tendo Jesus recebido a carta magna para salvar a humanidade, o que é preciso, então, para ser cristão, seguir seus ensinamentos, suas palavras, seus passos. Ninguém mais que vocês podem nos dizer como ser cristão ou discípulo de Jesus. Quais são as diretrizes que Ele nos deu?

a) Se alguém quiser vir comigo, renuncie-se a si mesmo, tome sua cruz e siga-me.

(Mateus 16:24) (Marcos 8:34);

b) Quem não toma a sua cruz e não me segue não é digno de mim.

(Mateus 10:38);

c) Quem ama seu pai ou sua mãe mais que a mim, não é digno de mim. Quem ama seu filho mais que a mim não é digno de mim.

(Mateus 10:37);

d) Uma só coisa te falta; vai, vende tudo o que tens e dá-o aos pobres e terás um tesouro no céu. Depois, vem e segue-me.

(Marcos 10:21).

Quer dizer, para ser cristão tem que ser pobre, largar tudo que tem e dar aos pobres; tem que amá-lo mais do que a família: pais e filhos; tem que renunciar a si mesmo, tomar a cruz e sair pelo mundo. Nesses aspectos, até hoje nunca vi um único cristão, nem mesmo uma religião cristã. Na história, a única exceção mais evidente é a de Francisco de Assis, ele abandonou tudo e tomou a cruz.

Quais de vocês, discípulos, na crucificação de Jesus, seguiram e ajudaram-no a carregar a cruz?

Todos o abandonaram e fugiram.

(Marcos 14:50).

Nos primeiros dias após a consumação, quais os discípulos carregaram a cruz do cristianismo somente pelo que receberam de ensinamento, sem auxílio do espírito santo? Poderíamos também perguntar: se Jesus não tivesse aparecido a vocês, teriam carregado a cruz?

Não sabem responder! Penso que jamais saberemos, é uma pergunta sem resposta, a única coisa que podemos saber é que vocês estavam assustados e com medo.

Como ir para o céu?
Como alcançar a eternidade?

❝Bem-aventurados os que têm um coração de pobre, porque deles é o Reino dos céus!"

(Mateus 5:3)

Para ir para o céu basta ter um coração de pobre! O que é um coração de pobre? Seria uma pessoa humilde, que tenha riqueza, mas seja abnegada dos bens materiais? Precisamos de maiores explicações, quem pode nos conceder um melhor entendimento?

"Tendo Ele (Jesus) saído para se pôr a caminho, veio alguém correndo e, dobrando os joelhos diante dele, suplicou-lhe: 'Bom Mestre, que farei para alcançar a vida eterna?' 'Por que me chamas de bom? Só Deus é bom. Conheces os mandamentos: não mates; não cometas adultério; não furtes; não digas falso testemunho; não cometas fraudes; honra pai e mãe.'Ele respondeu-lhe: 'Mestre, tudo isto tenho observado desde a minha mocidade'. Jesus fixou nele o olhar, amou-o e disse-lhe: 'Uma só coisa te falta; vai, vende tudo o que tens e dá-o aos pobres e terás um tesouro no céu. Depois, vem e segue-me'. Ele entristeceu-se com estas palavras e foi-se todo abatido, porque possuía muitos bens. E, olhando Jesus em derredor, disse a seus discípulos: 'Quão dificilmente entrarão no Reino de Deus os ricos!' Os discípulos ficaram assombrados com suas palavras. Mas Jesus replicou: 'Filhinhos, quão difícil é entrarem no Reino de Deus os que põem a sua confiança nas riquezas! É mais fácil passar o camelo pelo fundo de uma agulha do que entrar o rico no Reino de Deus."

(Marcos 10:17- 25)

Eu também digo o mesmo.

(Mateus 19: 16- 19 e 24)

Se havia dúvida sobre coração de pobre para entrar no reino do céu, agora não há. Vocês acabaram de esclarecer, os ricos dificilmente entrarão no reino. Os cristãos que buscam o céu devem ter a atitude de vender tudo. Vende tudo o que tens e dá aos pobres. Aconselharia que dê a muitos pobres, porque os pobres que receberem a riqueza, se forem poucos, ficarão ricos e perderão o reino dos céus. Distribuindo a muitos e eles permanecendo pobres, você não será injusto e não tirará o céu a quem receber sua doação.

O que mais nos daria suporte a essa visão de que não há necessidade de se preocupar com bens materiais, alimentos e com dia de amanhã?

Jesus dizia: "não vos preocupeis por vossa vida, pelo que comereis, nem por vosso corpo, pelo que vestireis. A vida não é mais que o alimento e o corpo não é mais que a vestes? Olhais as aves do céu: não semeiam e nem ceifam, nem recolhem nos celeiros e vosso Pai celeste as alimenta".

(Mateus 6: 25 -26).

Mas, Mateus, o que vemos no nosso mundo não é bem essa realidade, afinal Deus não alimenta as aves no ninho. Os que não se preocupam com o dia de amanhã mendigam, não vivem dignamente, passam fome, ficam inópio. Quando reparamos no reino animal, os pássaros, os animais que não lutam, não vão em busca de alimentos morrem! O mesmo acontece no reino dos insetos, aqueles que não lutam para conquistar seus alimentos morrem. Bem como há a necessidade de se proteger contra seus predadores. O que devemos fazer que é mais importante para não nos preocupar com as atividades diárias?

Estando Jesus em viagem, entrou numa aldeia, onde uma mulher, chamada Marta, o recebeu em sua casa. Tinha ela uma irmã por nome Maria, que se assentou aos pés do Senhor para ouvi-lo falar. Marta, toda preocupada com a lida da casa, veio a Jesus e disse: Senhor, não te importas que minha irmã me deixe só a servir? Dize-lhe que me ajude. Respondeu-lhe o Senhor: Marta, Marta, andas muito inquieta e preocupas com muitas coisas; no entanto, uma coisa só é necessária; Maria escolheu a boa parte, que lhe não será tirada.

(Lucas 10: 38- 42).

Quer dizer, Lucas, o que devemos fazer durante a nossa vida, uma coisa só é necessária: crer! Mas, se Marta fizesse a mesma coisa, eles iriam jantar? Certamente que não. No entanto, é dizer que o ser humano nasceu para crer?

Jesus falou: "em verdade, em verdade vos digo: quem crê em mim tem a vida eterna".

(João 6:47).

Ah, então basta crer em Jesus para ter a vida eterna?

Não é suficiente crer e ficar falando senhor, senhor, que "entrará no Reino doscéus, mas sim aquele que faz a vontade de meu Pai que está nos céus".

(Mateus 7:21)

É preciso crer e fazer a vontade do Pai. Você, como cristão, já perguntou: qual é a vontade do Pai, você tem a resposta, tem consciência qual é a vontade?

Como filho e como pai, sei que o sentimento interno, ou seja, a nossa vontade é de que nossos filhos cresçam saudáveis, inteligentes, honestos, com virtude e que se realizem na vida. Não precisam ser milionários, mas que se realizem como profissionais, como seres humanos, com a sociedade e com a família. Nesse caso, a resposta foi fácil. Mas qual é a vontade do Pai? Você já tem a resposta, a Bíblia nos traz a resposta? Seguir os 10 mandamentos, você sabe todos de cor? Abandonar tudo, a família, bens e tomar a cruz e seguir Cristo!

Pessoal, com relação aos procedimentos que me disseram: ficar pobre, crer em Jesus, fazer a vontade do Pai, é assim que conseguirei chegar ao reino dos céus?

Também não basta ser pobre, fazer a vontade do Pai, "Em verdade vos digo: todo o que não receber o Reino de Deus com a mentalidade de uma criança, nele não entrará".

(Marcos 10:15)

Acho que agora sei. Devo ser pobre, fazer a vontade do Pai, ter mentalidade de criança e serei agraciado por Jesus. Não!

Jesus disse "todo aquele que por minha causa deixar irmãos, irmãs, pai, mãe, mulher, filhos, terras ou casa, receberá o cêntuplo e possuirá a vida eterna".

(Mateus 19:29)

Esperem, estou ficando perdido! Se todas as pessoas no mundo deixassem seus cônjuges e familiares, a vida na Terra duraria quanto tempo?

Não havendo filhos, seria a última geração.

Se todas as pessoas desfizessem de todos os seus bens, produzir bem para quê?

Ninguém os teria!

Não haveria desenvolvimento, produção e alimentos!

Simplesmente, com esses pensamentos, a vida humana na Terra acabaria.

Também é estranho, Mateus! Fique pobre na terra que ficará cem vezes mais rico no céu e ainda com direito a vida eterna. Que prêmio! Este prêmio é contraditório, se a condição de ganhar o céu é ser pobre na Terra, por que no céu vai ser cem vezes mais rico? Há sentido? Nenhum.

As ações

Uma pessoa honesta não precisa dizer que é honesta, suas ações comprovam a honestidade; uma pessoa boa não o é pelo que fala, mas pelo que faz de bondade.

As ações falam muito mais que palavras, elas representam verdadeiramente o que a pessoa é. Vemos as pessoas mais pelo que fizeram do que por suas palavras.

Quais as ações que marcaram para vocês?

Passaram à outra margem do lago, ao território dos gerasenos. Assim que saíram da barca, um homem possesso do espírito imundo saiu do cemitério onde tinha seu refúgio e veio-lhe ao encontro. Não podiam atá-lo nem com cadeia, mesmo nos sepulcros. Vendo Jesus de longe, correu e prostrou-se diante dele, gritando em alta voz: "Que queres de mim, Jesus, Filho do Deus Altíssimo? Conjuro-te por Deus que não me atormentes". É que Jesus lhe dizia: "Espírito imundo, sai deste homem!" Perguntou-lhe Jesus: "Qual é o teu nome?" Respondeu-lhe: "Legião é o meu nome, porque somos muitos". E pediam-lhe com instância que não os lançasse fora daquela região.

Ora, uma grande manada de porcos andava pastando ali junto do monte. E os espíritos suplicavam-lhe: 'Manda-nos para os porcos, para entrarmos neles. Jesus lhos permitiu'. Então os espíritos imundos, tendo saído, entraram nos porcos; e a manada, de uns dois mil, precipitou-se no mar, afogando-se.

(Marcos 5: 1 -3 e 6- 13)

Marcos, como você ficou assustado com essa passagem! No início vocês estavam à margem do lago e depois os porcos precipitaram-se no mar!

É, "a manada se precipitou pelo declive escarpado para o lago, e morreu nas águas".

(Mateus 8:32)

Pobres animais! Por que Jesus permitiu condenar dois mil porcos inocentes? Se ele tinha poder sobre os imundos, bastava que ordenasse a ir embora.

Um detalhe que nos chama atenção na história, se os espíritos ficavam no homem vivo e queriam ficar naquela região, por que eles se afogariam, em vez de permanecerem vivos nos dois mil animais?

E o dono dos porcos, ficou no prejuízo?

Ah, se fosse nos tempos de hoje, alguém pagaria a conta!

Há outra história?

Ao sairmos de Betânia, "Jesus teve fome. Avistou de longe uma figueira coberta de folhas e foi ver se encontrava nela algum fruto. Aproximou-se da árvore, mas só encontrou folhas, pois não era tempo de figos. E disse à figueira: 'Jamais alguém coma fruto de ti!' E os discípulos ouviram esta maldição. No dia seguinte pela manhã, ao passarem junto da figueira, viram que ela secara até a raiz. Pedro lembrou-se do que se tinha passado na véspera e disse a Jesus: "Olha, Mestre, como secou a figueira que amaldiçoaste!".

(Marcos 11: 12- 14, 11, 20 21)

O que eu recordo é que "imediatamente a figueira secou. À vista disto, os discípulos ficaram estupefatos e disseram: Como ficou seca num instante a figueira?!".

(Mateus 21:20)

O importante é o fato de que a figueira secará pelas palavras que a amaldiçoaram.

Deus, ao criar a natureza há milhões de anos, estabeleceu para o ciclo anual quatro estações e uma delas propicia a produção de flores e frutos, não estabeleceu à figueira a obrigação de produzir frutos o ano todo.

Jesus cobrou da figueira um compromisso que ela não tinha, não era época de figo. Mas ficou revoltado e, contrariando a Deus, a condenou e a amaldiçoou; no dia seguinte, ou imediatamente, estava morta e seca. Infelizmente, essa ação nos demonstra uma crueldade suprema, cobrar e condenar a quem não deve.

Não há justiça no mundo humano que daria causa favorável a Jesus.

Essa ação não é de suprema bondade, há muitos seres que jamais fariam isso, e, o pior, confronta-se com a divindade do Criador.

Ele já apresentou alguma ação agressiva?

"Estava próxima a Páscoa dos judeus, e Jesus subiu a Jerusalém. Encontrou no templo os negociantes de bois, ovelhas e pombas, e mesas dos trocadores de moedas. Fez ele um chicote de cordas, expulsou todos do templo, como também as ovelhas e os bois, espalhou pelo chão o dinheiro dos trocadores e derrubou as mesas. Disse aos que vendiam as pombas: "Tirai isto daqui e não façais da casa de meu Pai uma casa de negociantes."

(João 2: 13- 16)

É, eu me lembro, ele ainda disse: "Não está porventura escrito: A minha casa chamar-se-á casa de oração para todas as nações (Is 56:7)? Mas vós fizestes dela um covil de ladrões".

(Marcos 11:17)

Puxa, como ele ficou nervoso! Em vez de procurar uma conversa passiva com os comerciantes, ele os chamou de ladrões, expulsou-os com chicote, porque negociavam na frente do templo! Foi uma atitude agressiva e de impaciência. E com vocês, ele já teve alguma atitude de impaciência?

Sim. "Um homem aproximou-se deles e prostrou-se diante de Jesus, dizendo: 'Senhor, tem piedade de meu filho, porque é lunático e sofre muito: ora cai no fogo, ora na água... Já o apresentei a teus discípulos, mas eles não o puderam curar'. Respondeu Jesus: "Raça incrédula e perversa, até quando estarei convosco? Até quando hei de aturar-vos? Trazei-mo."

(Mateus 17: 14- 17)

Foi mesmo, ele disse: "Ó geração incrédula, até quando estarei convosco? Até quando vos hei de aturar? Trazei-mo cá!"

(Marcos 9:19)

Chamou vocês de incrédulos e perversos. Certamente foi porque vocês não aprenderam a lição do Mestre, não estavam sendo bons alunos, não conseguiam pôr o ensinamento em prática, que basta crer para curar ou mudar o mundo. Muitas vezes é necessário dar uma sacudida nos discípulos de modo que eles fiquem mais atentos para tirar melhor proveito da lição.

E com alguém mais próximo?

Jesus falava ainda à multidão, quando veio sua mãe e seus irmãos e esperavam do lado de fora a ocasião de lhe falar. Disse-lhe alguém: "Tua mãe e teus irmãos estão aí fora, e querem falar-te". Jesus respondeu-lhe: "Quem é minha mãe e quem são meus irmãos?" E, apontando com a mão para os seus discípulos, acrescentou: "Eis aqui minha mãe e meus irmãos. Todo aquele que faz a vontade de meu Pai que está nos céus, esse é meu irmão, minha irmã e minha mãe.

(Mateus 12: 46- 50)

Mateus, esse templo deve ser muito grande para comportar uma multidão dentro!

Em vez de apontar com a mão, ele, "correndo o olhar sobre a multidão, que estava sentada ao redor dele, disse: Eis aqui minha mãe e meus irmãos".

(Marcos 3:34)

Ele ignora os seus familiares ao ser chamado por eles, "quem é minha mãe e quem são meus irmãos?" E, correndo o olhar ou a mão sobre a multidão que estava sentada ao redor, disse: 'Todo aquele que faz a vontade de meu Pai que está nos céus, esse é meu irmão, minha irmã e minha mãe'".

Quem teria uma reação assim com seus familiares? A atitude mais natural seria, no mínimo, perguntar a razão de estarem ali e pedir que esperassem um momento, ou que entrassem no recinto. Mas não.

Como ele costumava julgar?

Jesus nos fala que seu jugo é suave e o peso leve.

(Mateus 11:30)

Ele também falava: "se alguém ouve as minhas palavras e não as guarda, eu não o condenarei, porque não vim para condenar o mundo, mas para salvá-lo".

(João 12:47)

E com relação ao fogo do inferno?

Ele dizia: 'Se alguém não permanecer em mim será lançado fora, como o ramo. Ele secará e hão de ajuntá-lo e lançá-lo ao fogo, e queimar-se-á'.

(João 15:6)

Essas palavras se contradizem, pois seu jugo é leve e não irá condenar; porém, quem não for seu seguidor irá para o fogo, ou seja, as pessoas têm uma única opção: permanecer nele; do contrário, irão para o inferno. Isso não é condenação?

O fato de não estar com Ele não significa estar contra, mesmo assim o homem será condenado, ou está ou não está.

Essa postura demonstra autoritarismo e incompetência, visto que, como não consegue a conversão, não cumpre a missão de salvar o mundo, simplesmente usa a força do poder de um déspota e condena a pessoa a queimar-se no fogo. É preciso que as religiões e todos que condenam o próximo ao inferno revejam sua posição, pois é um ato maligno e de incompetência.

É que Ele não irá salvar o mundo. Ele veio "para servir e dar a sua vida em redenção por muitos".

(Marcos 10:45)

É isso, "para servir e dar sua vida em resgate por uma multidão".

(Mateus 20:28)

Certo. Há mais alguma passagem que chamou a atenção?

"Jesus sentou-se defronte do cofre de esmola e observava como o povo deitava dinheiro nele; muitos ricos depositavam grandes quantias. Chegando uma pobre viúva, lançou duas pequenas moedas, no valor de apenas um quadrante. E ele chamou os seus discípulos e disse-lhes: Em verdade vos digo: esta pobre viúva deitou mais do que todos os que lançaram no cofre, porque todos deitaram do que tinham em abundância; esta, porém, pôs, da sua indigência, tudo o que tinha para o seu sustento."

(Marcos 12:41- 44)

Jesus sentou-se defronte do cofre de esmola, este cofre só pode ser da sinagoga. Naquele momento, não só aceitava a moeda para a igreja, como aconselhou a doar tudo que tem para a sinagoga.

Não é o caso de fazer outras analogias, pois em muitas passagens ele prega contra o dinheiro: dai a César o que é de César, largue tudo e me siga, os pobres herdarão o céu, então não poderia usar o dinheiro como analogia. É preciso olhar mais o local "sinagoga" e que ele estava concordando com as doações em dinheiro.

Agora também entendo o contraditório: as igrejas são bilionárias e pregam a abstinência aos seus fiéis.

A Quem Pertence o Mundo?

Uma das curiosidades que passa às margens da eterna luta sobre o bem e o mal, a conquista do ser humano para levá-lo ao céu no *habitat* de Deus, ou para o inferno na casa do Demônio é: a quem pertence o mundo? Pois os dois estão em luta para suas conquistas. Será a Terra uma incubadora de almas a prover o céu ou ao inferno?

Por existir luta, vocês podem nos esclarecer a quem pertence o mundo?

"Agora é o juízo deste mundo; agora será lançado fora o príncipe deste mundo."

(João 12:31)

Ah! Antes de Jesus o mundo pertencia ao demônio! Que boa notícia: o príncipe fora lançado fora do mundo, não há mais que se preocupar com mal, que não está mais no mundo. Mas, espere aí, e as religiões, por que ainda estão pregando o mal, o pecado, o inferno, o demônio e a salvação? Será que a profecia não fora cumprida?

Ele disse: "enquanto estou no mundo, sou a luz do mundo".

(João 9,5)

Há uma diferença substancial em estar e ser, o estar é passagem e o ser é permanente. Jesus falou: "estou no mundo", porque ele está de passagem.

É isso mesmo?

Ele ainda nos disse: "eu não sou do mundo". "Já não falarei muito convosco, porque vem o príncipe deste mundo; mas ele não tem nada em mim."

Ele também confirmou a Pilatos, "O meu Reino não é deste mundo. Se o meu reino fosse deste mundo, os meus súditos certamente teriam pelejado para que eu não fosse entregue aos judeus. Mas o meu Reino não é deste mundo".

(João 17:14;14:30 e 18:36)

O mundo pertence ao demônio e ele voltou! Enquanto Jesus estava no mundo, ele era o juiz e lançava fora o príncipe. Mas o demônio voltou! João, mas essa é uma informação que deve preocupar todas as almas que habitam o planeta Terra que anseiam pela salvação em Cristo.

E agora, como fica?

Como estava de passagem pelo mundo, Jesus prometeu que rogará ao Pai, "e ele vos dará outro Paráclito, para que fique eternamente convosco". Para que realize a vinda, disse: "convém a vós que eu vá! Porque, se eu não for, o Paráclito não virá a vós; mas se eu for, vo-lo enviarei".

(João 14:16 e 16:7)

João, passados dois mil anos, a humanidade não sabe a respeito do Paráclito, se veio ou se não veio. Ele ainda não se apresentou para ficar eternamente entre os fiéis. Os cristãos não devem ficar preocupados?

Jesus confiou, também, uma missão a Pedro na Terra. "Eu te declaro: tu és Pedro, e sobre esta pedra edificarei a minha Igreja; as portas do inferno não prevalecerão contra ela. Eu te darei as chaves do Reino dos céus: tudo o que ligares na terra será ligado nos céus, e tudo o que desligares na terra será desligado nos céus."

(Mateus 16:18- 19)

O destino da humanidade fora confiado a Pedro, mas, infelizmente, ele era um homem fraco e instável. A fragilidade e instabilidade dele foram tão grandes que negou seu vínculo com Cristo por três vezes e, o pior, parece que ele foi chamado de satanás por Cristo!

Ele disse: "Afasta-te, Satanás! Tu és para mim um escândalo; teus pensamentos não são de Deus, mas dos homens!"

(Mateus 16:23)

É mesmo, ele disse: "Afasta-te de mim, Satanás, porque teus sentimentos não são os de Deus, mas os dos homens".

(Marcos 8:33)

A humanidade e a Igreja foram confiadas a um Satanás.

Ao mesmo tempo, é estranho conceder a chave a Pedro para que acesse o Reino dos Céus com a

Terra, sem que o mundo fosse o reino de Jesus. Por três vezes Ele confirmou a Pilatos, "O meu Reino não é deste mundo. Se o meu Reino fosse deste mundo, os meus súditos certamente teriam pelejado para que eu não fosse entregue aos judeus. Mas o meu Reino não é deste mundo". O reino de Jesus não é deste mundo, por que, então, ele daria a chave e delegaria a função a Pedro?

O que veio fazer no Mundo?

Jesus, certamente, teria um motivo muito especial para vir ao mundo, o que ele expressou com suas palavras?

Ele disse: "Eu vim como luz ao mundo; assim, todo aquele que crer em mim não ficará nas trevas. Se alguém ouve as minhas palavras e não as guarda, eu não o condenarei, porque não vim para condenar o mundo, mas para salvá-lo".

(João 12: 46- 47)

Ele veio para livrar as almas das trevas e salvar o mundo. Essa é uma curiosidade que intriga. Antes da vinda dele, como era a atuação e influência das trevas no mundo e, após a sua vinda, o que mudou?

Historicamente, não vemos muita diferença, são lutas, guerras, ambição pelo poder, onde o homem é mais importante do que o *habitat* e o destrói.

Vemos muita mudança na tecnologia, mas, com relação ao sentido da vida humana, não mudou muito.

É que ele disse: "Não julgueis que vim trazer a paz à terra. Vim trazer não a paz, mas a espada. Eu vim trazer a divisão entre o filho e o pai, entre a filha e a mãe, entre a nora e a sogra, e os inimigos do homem serão as pessoas de sua própria casa".

(Mateus 10: 34- 36)

Agora entende por que o mundo não está melhor nos dois mil anos de historia do cristianismo.

Agora entende o porquê de tantas lutas, intolerâncias, tantas divisões, guerras e maldades praticadas pelos religiosos.

Por que as religiões pregam o bem, mas condenam os que não são seus partidários ao inferno?

Por que dessa dualidade?

É que foi dito: "Eu não vim chamar os justos, mas os pecadores".

(Mateus 9:13)

Disse também: "Vim a este mundo para fazer uma discriminação: os que não veem vejam, e os que veem se tornem cegos".

(João 9:39)

Por isso que o mundo religioso é confuso e conturbado, parece que vêem, e não vêem. Não deve ser fácil para um cristão que sempre procurou ser honesto, justo, durante toda a sua vida, ouvir essas palavras, não adiantará ser justo, honesto, ter uma vida sem pecado, ele não veio chamá-lo, mas os pecadores! Infelizmente isso foi escrito.

Jesus veio para salvar o mundo, mas perguntaria: salvar de quê?

Antes de ter uma resposta, vamos analisar como ser salvo.

O que será salvo: a alma, o espírito ou o corpo físico?

O que será condenado: a alma, o espírito ou o corpo físico?

Já lhe falamos: ele veio para fazer "resgate por uma multidão".

(Mateus 20:28)

Tudo bem! Mas o que será salvo: a alma, o espírito ou o corpo físico?

Deve ser o físico, porque disse: "Se o teu olho for para ti ocasião de queda, arranca-o; melhor te é entrares com um olho de menos no Reino de Deus do que, tendo dois olhos, seres lançado à geena do fogo".

(Marcos 9:47)

É mesmo, também disse: "E se tua mão direita é para ti causa de queda, corta-a e lança-a longe de ti, porque te é preferível perder-se um só dos teus membros, a que o teu corpo inteiro seja atirado na geena".

(Mateus 5:30)

Entende-se que o que será salvo ou condenado ao inferno é o corpo físico. Deve ser por isso que há tanta preocupação com o físico, de mantê-lo bonito, curar das deficiências físicas, das doenças, é a forma que entrará no céu. Ou poderíamos ter um entendimento: a alma herda as mesmas características físicas do corpo? Belo, feio, perfeito, defeituoso, novo, velho, são e doente. Imagine chegar ao céu na velhice da idade sem dentes, corcunda, cheio de dores pela idade. Não há o menor sentido nisso.

Durante os anos que vivemos, comprovadamente herdamos o que plantamos de nossas ações e atitudes. Se lutarmos por uma profissão, herdaremos o sucesso ou insucesso, bem como os conhecimentos para exercer a profissão. Herdamos as lembranças das ações, se fomos bons e honestos, ou, o contrário, se fomos maus e desonestos. É pelo que seremos conceituados como pessoas boas, confiáveis, ou ruins e más.

A alma é invisível, então, por semelhança, ela herda o que é invisível, como pensamentos, sentimentos, conhecimentos, sabedoria, moral. A moral nada mais é do que aquilo que plantamos e colhemos, de tudo que fazemos durante a vida.

"O espírito é que vivifica, a carne de nada serve. As palavras que vos tenho dito são espírito e vida."

(João 6:63)

João, suas palavras são diferentes das de Marcos e Mateus, a carne de nada serve, é o espírito que vivifica. Pergunto: o que estamos fazendo no mundo em carne e osso, se de nada servem? Por que Deus nos colocou nesta situação? Por que Marcos e Mateus nos falam da importância de ir para céu com o corpo inteiro ou partido? Muitas vezes os religiosos nos falam que não devemos interpretar o sentido literal da Bíblia, mas que devemos ver o sentido que está por trás das Escrituras. Ora, a palavra de Deus não pode ter dois sentidos, ou é ou não é, sob pena de ser considerada imperfeita e, se Deus não soube escrever, sua sabedoria é falha. Ele é imperfeito ou a Bíblia não é uma escritura divina?

Por que Parábolas? A quem é revelada a palavra?

O que mais intriga o leitor da Bíblia é por que Jesus usava parábolas para revelar às pessoas. Como Deus pode pronunciar ensinamentos que não sejam esclarecedores a todos?

Ele disse: "Eis por que lhes falo em parábolas: para que, vendo, não vejam e, ouvindo, não ouçam nem compreendam".

(Mateus 13:13)

Qual é o sentido, então, dos ensinamentos?

Jesus nos respondeu: "porque a vós é dado compreender os mistérios do Reino dos céus, mas a eles não".

(Mateus 13:11)

Desculpem-me, mas ainda continuo sem compreender qual o sentido de dar ensinamentos por parábolas.

Ele disse: A vós é revelado o mistério do Reino de Deus, mas aos que são de fora tudo se lhes propõe em parábolas. Deste modo, eles olham sem ver, escutam sem compreender, sem que se convertam e lhes seja perdoado.

(Marcos 4: 11-12)

Agora compreendo, seus ensinamentos são dados aos seus, mas, para os outros, ao ouvirem, não serão salvos, não se converterão nem serão perdoados. E vocês, discípulos, compreendiam bem as parábolas?

Não, ele nos chama atenção: "Não entendeis essa parábola? Como entendereis então todas as outras?"

(Marcos 4:13)

Um mestre que não se faz entender. Para que dar um ensinamento se não é para ser compreendido? Muito se fala que a meia verdade é pior do que a ausência dela. Não é à toa a multiplicidade de interpretações de seus ensinamentos, dos desentendimentos e conflitos entre os fiéis que seguem a doutrina cristã. Se Jesus tem a missão de salvar o mundo ou muitos, as parábolas descaracterizam sua missão, ao não passarem uma mensagem compreensível a todos e serem reveladas apenas a poucos, ou apenas aos seus.

Como Ser Salvo?

Voltemos à eterna luta entre o céu e o inferno. A primeira pergunta que faria a vocês é com relação ao livre-arbítrio. Todos os seres humanos têm a liberdade de escolha entre o céu e o inferno? Se sim, o que é preciso fazer para ser salvo?

Jesus disse: "o que quiser salvar a sua vida, perdê-la-á; mas o que perder a sua vida por amor de mim e do Evangelho, salvá-la-á. Pois que aproveitará ao homem ganhar o mundo inteiro, se vier a perder a sua vida?".

(Marcos 8: 35 -36)

Então, Marcos, só existe um caminho para ser salvo, que é amar a Cristo e seguir o evangelho.

Quais os atos que devemos fazer para seguir esse caminho?

Sim, Mateus, pode nos dizer.

Aquele que violar um destes mandamentos, por menor que seja, e ensinar assim aos homens, será declarado o menor no Reino dos céus. Mas aquele que os guardar e os ensinar será declarado grande no Reino dos céus;

(5:19)

Todo aquele que se irar contra seu irmão será castigado pelos juízes. Aquele que disser a seu irmão: Raca, será castigado pelo Grande Conselho. Aquele que lhe disser: Louco, será condenado ao fogo da geena;

(5,:22)

Todo aquele que lançar um olhar de cobiça para uma mulher já adulterou com ela em seu coração;

(5:28)

Se teu olho direito é para ti causa de queda, arranca-o e lança-o longe de ti, porque te é preferível perder-se um só dos teus membros, a que o teu corpo todo seja lançado na geena;

(5:29)

E se tua mão direita é para ti causa de queda, corta-a e lança-a longe de ti, porque te é preferível perder-se um só dos teus membros, a que o teu corpo inteiro seja atirado na geena;

(5:30)

Não jureis de modo algum, nem pelo céu, porque é o trono de Deus;

(5:34)

Dizei somente: Sim, se é sim; não, se é não. Tudo o que passa além disto vem do Maligno;

(5:37)

Não resistais ao mau. Se alguém te ferir a face direita, oferece-lhe também a outra;

(5:39)

Amai vossos inimigos, fazei bem aos que vos odeiam, orai pelos que vos [maltratam e] perseguem;

(5:44)

Portanto, sede perfeitos, assim como vosso Pai celeste é perfeito;

(5:48)

Não julgueis, e não sereis julgados;

(7:1)

Porque do mesmo modo que julgardes, sereis também vós julgados e, com a medida com que tiverdes medido, também vós sereis medidos;

(7:2)

É por tuas palavras que serás justificado ou condenado;

(12:37)

Por isso, se tua mão ou teu pé te fazem cair em pecado, corta-os e lança-os longe de ti: é melhor para ti entrares na vida coxo ou manco que, tendo dois pés e duas mãos, seres lançado no fogo eterno;

(18:8)

Se teu olho te leva ao pecado, arranca-o e lança-o longe de ti: é melhor para ti entrares na vida cego de um olho que seres jogado com teus dois olhos no fogo da geena;

(18:9)

Assim é a vontade de vosso Pai celeste, que não se perca um só destes pequeninos;

(18:14).

Mateus, você repetiu os mesmos termos: 5:29 com 18:9 e 5:30 com 18:8,que devemos lançar fora os órgãos que nos levam ao pecado. Que preocupação é esta de livrar-se dos órgãos para não cair no pecado?

Muitos são os chamados, e poucos os escolhidos.

(Mateus 22:14)

Quer dizer, Mateus, que, mesmo tomando este caminho, poucos são escolhidos? E o que acontecerá aos que não conseguirem ou não buscarem a salvação?

Aquele que crê no Filho tem a vida eterna; quem não crê no Filho não verá a vida, mas sobre ele pesa a ira de Deus.

(João 3:36).

E o que acontecerá?

Jesus disse: "Se alguém não permanecer em mim será lançado fora, como o ramo. Ele secará e hão de ajuntá-lo e lançá-lo ao fogo, e queimar-se-á".

(João 15:6).

Será que o Criador criou os seres para queimar na geena?

Deus ao separar os bons dos ruins não está cometendo discriminação no que Ele mesmo criou?

Será Ele bom?

Ou será que cometeu erro ao criar os seres, ou já criou para que sejam eternamente queimados! Será justo se for este o caso?

Pelo que vocês expuseram, dificilmente haverá um ser que consiga se salvar.

Passados dois mil anos de história, não se têm muitas informações dos fiéis que seguiram literalmente as doutrinas cristãs. Certamente, se esse for o desejo de Deus, para conquistar os muitos fiéis, Ele terá que rever seus projetos de criação humana e recriá-la.

Todos os pecados serão Perdoados?

Uma das maiores preocupações do cristão é com relação ao perdão dos pecados, de suas faltas e erros cometidos. Para isso é preciso saber se todos os pecados serão perdoados ou se existe pecado imperdoável.

Os religiosos estão tranquilos e livres do pecado ao praticar a religião?

Estão redimidos de seus erros?

Somente conhecendo quais os pecados imperdoáveis é que podemos ficar tranquilos ou não.

O que vocês têm a nos dizer?

"Em verdade vos digo: todos os pecados serão
perdoados aos filhos dos homens, mesmo as suas
blasfêmias; mas todo o que tiver blasfemado contra
o Espírito Santo jamais terá perdão, mas será culpa-
do de um pecado eterno.

(Marcos 3: 28- 29)

O que é o Espírito Santo e como blasfemamos
contra ele?

Deus é espírito, e os seus adoradores devem
adorá-lo em espírito e verdade.

(João 4:24)

João, Espírito Santo?

O Paráclito, o Espírito Santo, que o Pai enviará
em meu nome, ensinar-vos-á todas as coisas e vos
recordará tudo o que vos tenho dito.

(João 14:26)

Entendo, é como se fosse um elo: Deus, Espírito
Santo e nós seres humanos. Além da blasfêmia ao
Espírito Santo, há outros pecados imperdoáveis?

"Não serão perdoados os escribas e fariseus hipócritas! Devorais as casas das viúvas, fingindo fazer longas orações. Por isso, sereis castigados com muito maior rigor".

(Mateus 23:14)

O que seria fingindo fazer orações?
Seria rezar por rezar, sem consciência do que está rezando?
Sim! Certo, algo mais?

"Todo que fizer cair no pecado a um destes pequeninos que creem em mim, melhor lhe fora que uma pedra de moinho lhe fosse posta ao pescoço e o lançassem ao mar!"

(Marcos 9:42)

Estranhamente, Jesus não protege todas as crianças que são inocentes, mas só aquelas que creem nele.

As crianças, por serem ainda incipientes ao saber, ainda não têm conhecimento do que é crer e não crer. Mas, para Jesus, ou está com ele, ou não está. Como ainda não sabemos qual criança crê em Jesus, é melhor não pecar contra nenhuma delas.

Judas foi perdoado?

Ele disse: "Ai daquele homem por quem o Filho do Homem é traído!

Seria melhor para esse homem que jamais tivesse nascido!"

(Mateus 26:24)

Minhas palavras são idênticas.

(Marcos 14:21)

Mas Judas tinha por missão de trair para que se cumprisse a Escritura?

Sim, "para que se cumprisse a Escritura".

(João 17:12)

A traição de Judas tinha a finalidade de cumprir a Escritura, e seria melhor se ele não tivesse nascido?!

Se ele não tivesse nascido, teria se cumprido a Escritura?

Jesus teria cumprido a missão?

Na realidade, Ele teria que ser grato por Judas ter ajudado a cumprir a missão.

Traidor e Traição

Judas tinha algum comportamento estranho ou atitude que daria ideia de que ele estava dissidente do grupo e planejando trair Jesus?

Judas Iscariotes, um dos Doze, foi avistar-se com os sumos sacerdotes para lhes entregar Jesus.

(Marcos 14:10)

Jesus certamente percebia a conduta e a fuga de Judas, deduzindo do que se tratava, então disse a vocês durante o jantar: "um de vós me há de trair".

Mas vocês, ainda, não haviam desconfiado da traição?

Foi, aí, que eu perguntei: "sou eu senhor? Jesus respondeu-lhe: Aquele que pôs comigo a mão no prato, esse me trairá".

(Mateus 26: 22-23)

Eu também perguntei: "Porventura sou eu? Jesus respondeu: é um dos Doze que se serve comigo do mesmo prato".

(Marcos 14: 19- 20)

É, eu e Simão Pedro também perguntamos: "Senhor, quem é? Jesus respondeu: É aquele a quem eu der o pão embebido, molhou o pão e deu-o a Judas, filho de Simão Iscariotes".

(João 13: 25- 26)

Por fim, Judas também perguntou: "Mestre, serei eu? Sim, disse Jesus".

(Mateus 26:25)

E ainda disse a ele: "O que queres fazer, faze-o depressa".

(João 13:27)

O que Jesus falou a vocês quando Judas saiu?

Jesus manifestou aos presentes: ai daquele homem por quem o Filho do Homem é traído! Seria melhor para esse homem que jamais tivesse nascido!

(Mateus 26:24)

Por essas palavras, Judas cometeu crime capital, não será perdoado.

E o que fez Judas?

Buscou "então a coorte e os guardas de serviço dos pontífices e dos fariseus, e chegaram ali com lanternas, tochas e armas".

(João 18:3)

É, "veio Judas e com ele uma multidão de gente armada de espadas e cacetes, enviada pelos príncipes dos sacerdotes e pelos anciãos do povo".

(Mateus 26:47)

Aí Judas apresentou Jesus a eles?

Não, "combinara com eles este sinal: Aquele que eu beijar, é ele. Prendei-o. Aproximou-se imediatamente de Jesus e disse: Salve, Mestre. E beijou-o".

Mateus 26: 48- 49)

Assim que ele se aproximou de Jesus, disse: Rabi!, e o beijou.

(Marcos 14:45)

E o que aconteceu em seguida?

Um dos companheiros de Jesus desembainhou a espada e feriu um servo do sumo sacerdote, decepando a orelha. Jesus, no entanto, lhe disse: Embainha tua espada porque todos aqueles que usarem da espada, pela espada morrerão.

(Mateus 26: 51-52)

É, "um dos circunstantes tirou da espada, feriu o servo do sumo sacerdote e decepou-lhe a orelha".

(Marcos 14:47)

João, parece que você está querendo se manifestar!

Judas ao chegar com a coorte e os guardas de serviço dos pontífices e dos fariseus, e chegaram ali com lanternas, tochas e armas. Como Jesus soubesse tudo o que havia de lhe acontecer, adiantou-se e perguntou-lhes: A quem buscais? Responderam: A Jesus de Nazaré! Sou eu, disse-lhes. Quando lhes disse: Sou eu, recuaram e caíram por terra. Perguntou-lhes Ele, pela segunda vez: A quem buscais? Disseram: A Jesus de Nazaré! Replicou Jesus: Já vos disse que sou eu. Se é, pois, a mim que buscais, deixai ir estes. Simão Pedro, que tinha uma espada, puxou dela e feriu o servo do sumo sacerdote, decepando-lhe a orelha direita. [*O servo chamava-se Malco*]. Mas Jesus disse a Pedro: Enfia a tua espada na bainha! Não hei de beber eu o cálice que o Pai me deu?

(João 18: 3- 8, 10- 11)

Quer dizer que não houve beijo e quem usou da espada fora Pedro. Jesus evitou revinde contra vocês sobre a atitude de Pedro. Seria uma multidão contra poucos.

E o que aconteceu depois, João?

Então, a coorte, tribuno e os guardas dos judeus prenderam Jesus e o ataram. Conduziram-no primeiro a Anãs, por ser sogro de Caifás, que era o sumo sacerdote daquele ano.

(João 18: 12- 13)

Condenação

Mateus, quem condenou Jesus?

Todos os príncipes dos sacerdotes e os anciãos do povo reuniram-se em conselho para entregar Jesus à morte.

Ligaram-no e o levaram ao governador Pilatos.

(Mateus 27: 1- 2)

Marcos, quem condenou Jesus?

Pela manhã, reuniram os sumos sacerdotes com os anciãos, os escribas e com todo o conselho. E, tendo amarrado Jesus, levaram-no e entregaram-no a Pilatos.

(Marcos 15:1)

João, quem condenou Jesus?

"A coorte, o tribuno e os guardas dos judeus prenderam Jesus e o ataram. Conduziram-no primeiro a Anás, por ser sogro de Caifás, que era o sumo sacerdote daquele ano. Caifás fora quem dera aos judeus o conselho: Convém que um só homem morra em lugar do povo. Simão Pedro seguia Jesus, e mais outro discípulo. Este discípulo era conhecido do sumo sacerdote e entrou com Jesus no pátio da casa do sumo sacerdote. Anás enviou-o preso ao sumo sacerdote Caifás. Da casa de Caifás conduziram Jesus ao pretório. Era de manhã cedo. Mas os judeus não entraram no pretório, para não se contaminarem e poderem comer a Páscoa. Saiu, por isso, Pilatos para ter com eles, e perguntou: Que acusação trazeis contra este homem? Responderam-lhe: Se este não fosse malfeitor, não o teríamos entregue a ti. Disse, então, Pilatos: Tomai-o e julgai-o vós mesmos segundo a vossa lei. Responderam-lhe os judeus: Não nos é permitido matar ninguém".

(João 18: 12- 15, 24 e 28 -31).

João, este outro discípulo que seguia junto a Simão Pedro era você?

Obrigado!

Pelos testemunhos acima, Jesus só chegou até Pilatos porque fora conduzido pelos sumos sacerdotes, pelos anciões, os escribas e o seu povo.

Marcos, Pilatos tinha o poder na mão de condenar e libertar.

Pode você explicar por que Jesus acabou sendo condenado?

Foi por dois aspectos: o primeiro, "os pontífices instigaram o povo para que pedissem de preferência que lhes soltasse Barrabás"; o segundo, parece que Pilatos não queria condená-lo, aí ele falou ao povo: "E que quereis que eu faça daquele a quem chamais o rei dos judeus? Eles tornaram a gritar: Crucifica-o! Pilatos replicou: Mas que mal fez ele? Eles clamavam mais ainda: Crucifica-o! Querendo Pilatos satisfazer o povo, soltou-lhes Barrabás e entregou Jesus, depois de açoitado, para que fosse crucificado".

(Marcos 15 :11-15)

Então, foi o povo que instigou a condenação!

Mateus, qual é a sua versão a esse respeito?

"Pilatos dirigiu-se ao povo reunido e perguntou: Qual quereis que eu vos solte: Barrabás ou Jesus, que se chama Cristo? Mas os príncipes dos sacerdotes e os anciãos persuadiram o povo que pedisse a libertação de Barrabás e fizesse morrer Jesus. O governador tomou, então, a palavra: Qual dos dois quereis que eu vos solte? Responderam: Barrabás! Pilatos perguntou: Que farei então de Jesus, que é chamado o Cristo? Todos responderam: Seja crucificado! O governador tornou a perguntar: Mas que mal fez ele? E gritavam ainda mais forte: Seja crucificado! Pilatos viu que nada adiantava, mas que, ao contrário, o tumulto crescia. Fez com que lhe trouxessem água, lavou as mãos diante do povo e disse: Sou inocente do sangue deste homem. Isto é lá convosco"

(Mateus 27: 17 e 20- 24)

Obrigado, Mateus! A atitude de lavar as mãos não é digna de ser feita por quem quer que seja, principalmente a quem tem o poder de decisão, mas infelizmente foi feita por Pilatos.

João, você tem algo mais para nos declarar?

"Pilatos disse: Não acho nele crime algum. Mas é costume entre vós que pela Páscoa vos solte um preso. Quereis, pois, que vos solte o rei dos judeus? Então todos gritaram novamente e disseram: Não! A este não! Mas a Barrabás! (Barrabás era um salteador.) Pilatos mandou então flagelar Jesus. Os soldados teceram de espinhos uma coroa e puseram-lha sobre a cabeça e cobriram-no com um manto de púrpura. Aproximavam-se dele e diziam: Salve, rei dos judeus! E davam-lhe bofetadas. Pilatos saiu outra vez e disse-lhes: Eis que vo-lo trago fora, para que saibais que não acho nele nenhum motivo de acusação. Apareceu então Jesus, trazendo a coroa de espinhos e o manto de púrpura. Pilatos disse: Eis o homem! Quando os pontífices e os guardas o viram, gritaram: Crucifica-o! Crucifica-o! Falou-lhes Pilatos: Tomai-o vós e crucificai-o, pois eu não acho nele culpa alguma. Responderam-lhe os judeus: Nós temos uma lei, e segundo essa lei ele deve morrer, porque se declarou Filho de Deus. Estas palavras impressionaram Pilatos. Entrou novamente no pretório e perguntou a Jesus: Donde és tu? Mas Jesus não lhe respondeu. Pilatos então lhe disse: Tu não me respondes? Não sabes que tenho poder para te soltar e para te crucificar? Respondeu

Jesus: Não terias poder algum sobre mim, se de cima não te fora dado. Por isso, quem me entregou a ti tem pecado maior. Desde então Pilatos procurava soltá-lo. Mas os judeus gritavam: Se o soltares, não és amigo do imperador, porque todo o que se faz rei se declara contra o imperador. Ouvindo estas palavras, Pilatos trouxe Jesus para fora e sentou-se no tribunal, no lugar chamado Lajeado, em hebraico Gábata. (Era a Preparação para a Páscoa, cerca da hora sexta.) Pilatos disse aos judeus: Eis o vosso rei! Mas eles clamavam: Fora com ele! Fora com ele! Crucifica-o! Pilatos perguntou-lhes: Hei de crucificar o vosso rei? Os sumos sacerdotes responderam: Não temos outro rei senão César! Entregou-o então a eles para que fosse crucificado. Levaram então consigo Jesus. Ele próprio carregava a sua cruz para fora da cidade, em direção ao lugar chamado Calvário, em hebraico Gólgota".

(João 18: 38- 40; 19: 1-17)

Obrigado, João, chamemos Lucas. Lucas, você está levantando a história, o que lhe chegou aos seus conhecimentos que possa nos revelar ou acrescentar?

"Declarou Pilatos aos príncipes dos sacerdotes e ao povo: Eu não acho neste homem culpa alguma. Mas eles insistiam fortemente: Ele revoluciona o povo ensinando por toda a Judeia, a começar da Galileia até aqui".

(Lucas 23: 4- 5)

Só um instante, Lucas, você trouxe um fato novo, disse que ele revoluciona o povo ensinando! O que e contra quem? Você fez investigação neste sentido? Não! A afirmação foi feita pelos príncipes dos sacerdotes.

Ok, obrigado! Continue.

Pelo que soube, Pilatos interveio três vezes dizendo: "Mas que mal fez ele, então? Não achei nele nada que mereça a morte; irei, portanto, castigá-lo e, depois, o soltarei. Mas eles instavam, reclamando em altas vozes que fosse crucificado, e os seus clamores recrudesciam. Pilatos pronunciou então a sentença que lhes satisfazia o desejo. Soltou-lhes aquele que eles reclamavam e que havia sido lançado ao cárcere por causa do homicídio e da revolta, e entregou Jesus à vontade deles".

(Lucas 23: 22- 25)

O povo preferiu Barrabás, um salteador, em vez de Jesus, que fazia milagres, curava pessoas e era acompanhado por multidões.

Houve, pelo menos, alguma voz em sua defesa?

Não! Nem mesmo os seus, como vocês?

Não! Infelizmente, não é fácil compreender a história e a multidão que o acompanhava, perante tantas ações de bem, não haver se quer uma única voz de gratidão e de correspondência com o bem recebido, ninguém o defendeu, nem os seus, no momento em que mais precisava.

Crucificação

C omo ocorreu a crucificação?

Saindo, encontraram um homem de Cirene, chamado Simão, a quem obrigaram a levar a cruz de Jesus.

(Mateus 27:32)

É, "passava por ali certo homem de Cirene, chamado Simão, que vinha do campo, pai de Alexandre e de Rufo, e obrigaram-no a que lhe levasse a cruz".

(Marcos 15:21)

"Ele próprio carregava a sua cruz para fora da cidade, em direção ao lugar chamado Calvário, em hebraico Gólgota. Ali o crucificaram, e com ele outros dois, um de cada lado, e Jesus no meio."

(João, 19: 17- 18)

E como foi a crucificação?

Deram-lhe de beber vinho misturado com fel. Ele provou, mas se recusou a beber.

(Mateus 27:34)

Vinho misturado com mirra, mas ele não o aceitou. Era a hora terceira quando o crucificaram.

(Marcos 15:23 e 25)

Desde a hora sexta até a hora nona, houve trevas por toda a terra. E à hora nona Jesus bradou em alta voz: Elói, Elói, lammá sabactáni?,

Que quer dizer: Meu Deus, meu Deus, por que me abandonaste?

Ouvindo isto, alguns dos circunstantes diziam: Ele chama por Elias! Um deles correu e ensopou uma esponja em vinagre e, pondo-a na ponta de uma vara, deu-lho para beber, dizendo: Deixai, vejamos se Elias vem tirá-lo. Jesus deu um grande brado e expirou.

O véu do templo rasgou-se então de alto a baixo em duas partes.

(Marcos 15:33- 38)

Jesus de novo lançou um grande brado, e entregou a alma. E eis que o véu do templo se rasgou em duas partes de alto a baixo, a terra tremeu, fenderam-se as rochas.

Os sepulcros se abriram e os corpos de muitos justos ressuscitaram. Saindo de suas sepulturas, entraram na Cidade Santa depois da ressurreição de Jesus e apareceram a muitas pessoas.

(Mateus 27:50 -53)

Mateus, este é um fato notório, muitos ressuscitaram e entraram na cidade, qual foi a reação das pessoas?

Não lembra! Lucas, você buscava informações, teve alguma notícia desse episódio?

Escureceu-se o sol e o véu do templo rasgou-se pelo meio. Jesus deu então um grande brado e disse: Pai, nas tuas mãos entrego o meu espírito. E, dizendo isso, expirou. E toda a multidão dos que assistiam a este espetáculo e viam o que se passava, voltou batendo no peito.

Os amigos de Jesus, como também as mulheres que o tinham seguido desde a Galileia, conservavam-se a certa distância, e observavam estas coisas.

(Lucas 23: 45-46, 48- 49)

Lucas, quanto ao episódio dos ressuscitados, você teve alguma notícia?

Não!

João, você acompanhou e esteve presente na crucificação, pode nos dizer algo sobre esse episódio?

Havendo Jesus tomado do vinagre, disse: Tudo está consumado. Inclinou a cabeça e rendeu o espírito. Os judeus temeram que os corpos ficassem na cruz durante o sábado, porque já era a Preparação e esse sábado era particularmente solene. Rogaram a Pilatos que se lhes quebrassem as pernas e fossem retirados. Vieram os soldados e quebraram as pernas do primeiro e do outro, que com ele foram crucificados. Chegando, porém, a Jesus, como o vissem já morto, não lhe quebraram as pernas, mas um dos soldados abriu-lhe o lado com uma lança e, imediatamente, saiu sangue e água.

O que foi testemunha desse fato o atesta (e o seu testemunho é digno de fé, e ele sabe que diz a verdade), a fim de que vós creiais.

(João 19:30- 35)

João, você não comenta que o véu do templo abriu-se, nem sobre o chamamento de Elias, como também não comenta o brado: Pai, nas tuas mãos entrego o meu espírito. Você nos contou uma morte ocorrida mais naturalmente.

Algo a declarar?

Nada! Obrigado...

Epílogo

Se você chegou até aqui, parabéns, será salvo, mas os que não chegaram fique tranquilo, eles também serão salvos. Não nascemos para condenar ninguém, simplesmente, nascemos para viver a vida que recebemos.

Ao término da leitura, caso o leitor se sentir órfão de sua religião, não se desespere você pertence ao cosmo, está nele. O universo sem você deixa de ser universo, por faltar uma parte: você.

Busque o conhecimento que emana na vida como um todo, no seu interno, na natureza, na história, na filosofia, na antropologia, na logosofia, em uma ciência humana superior. O conhecimento é chave de tudo no mundo, inclusive a chave da verdade. Sem ele o ser não é nada, nada faz, mendiga.

O conhecimento possibilita exercer uma profissão, andar pela rua, fazer uma comida, curar doenças, salvar pessoas, transformar para melhor o mundo, acabar com os conflitos e guerras, com a ignorância, com o medo, com o terror, ou seja, vivemos por meio do conhecimento que temos. Estamos na terra para adquirir a sabedoria que emana da vida e poder vivê-la no cosmo.

Ao encontrar a sabedoria emanada, a energia do cosmo verá que você contém o néctar essencial do universo e viverá na existência em si mesma, a existência de Deus.

Seja feliz!!!

OBS.: AVISO AOS RELIGIOSOS:

(I Coríntios 12:3) Por isso, eu vos declaro: ninguém, falando sob a ação divina, pode dizer: Jesus seja maldito e ninguém pode dizer: Jesus é o Senhor, senão sob a ação do **Espírito Santo**.

BÍBLIA SAGRADA. 41. ed. São Paulo:
Ave-Maria, 1982. (Edição Claretiana)